KB242603

우리가 사랑한 도시

우리가 사랑한 도시

김지윤·전은환
지음

우리가 사랑한 도시

역사, 예술, 문화, 미식을 넘나드는 인문 기행

우리가 던진 질문에 도시가 내어준 대답

'아, 내가 다른 나라에 와 있구나.'

공항에서 바깥으로 나가는 순간 깨닫게 된다. 백화점이나 쇼핑몰, 호텔, 집집마다 특유의 향이 있듯이, 한 국가나 도시에도 특유의 공기가 있다. 그 공기는 단순히 냄새만을 의미하지 않는다. 코를 찌르는 매연일 때도 있고, 기분이 좋아지는 밝은 햇살일 때도 있다. 때론 차가운 알싸함이 나를 반기기도 한다.

한국과 다른 공기를 맡는 순간, 흥분과 걱정이 함께 몰려온다. 아니, 사실 대부분의 경우 설렘이 가득한 긴장이다. 나는 사실 여행을 그리 즐기는 편은 아니다. '파워 J'인 까닭에 처음부터 끝까지 모든 준비가 되어 있어야만 직성이 풀리기 때문이다. 돌발 상황이 발생하면 스트레스 호르몬인 코르티솔이 분비되면서 머리끝까지 피가 몰리는 경험을 종종 한다.

그리고 여행 중에는 당연히 계획대로 모든 일이 풀리지 않고 변수와 돌발 상황이 발생한다. 그래서 '백업 플랜'도 만들어 놓으며 정도의 진절머리가 날 정도로 준비하는 스타일이다. 그러다 보니 떠나기 전부터 진이 빠지고, 그쯤 되면 여행은 휴식이 아니라 또 다른 일에 가깝다. 그럼에도 나는 새로운 도시에 가는 것을 좋아한다. 마치 '도장 깨기'처럼 계획해놓았던 것들을 수행해나갈 때의 희열이 있다. 같이 간 일행(주로 아이들이지만)과 함께 겪는 추억이 생기고, 무엇보다도 그 안에서의 또 다른 나를 만나기 때문이다. 낯선 곳에서 새로운 '나'를 찾거나 잊고 지냈던 '나'를 기억 속에서 끄집어낸다.

워싱턴 D.C.의 링컨 메모리얼에 들러 게티스버그 연설을 읽으며 울컥해지는 나는 천상 미국 정치를 공부하는 정치학자다. 피렌체의 골목을 걸으면 한때 르네상스 역사를 탐독했던 대학생 시절의 내가 기억 속에서 걸어 나온다. 에든버러 스털링성의 까마귀 소리를 들으면 몇 번이나 보았던 영화 〈브레이브 하트〉와 숨이 멎게 아름다웠던 소피 마르소 Sophie Marceau 가 생각 나고, 런던의 웨스트엔드에서 〈오페라의 유령〉을 관람하며 즐거워하는 아이들을 보고, 30년 전 브로드웨이에서 처음 이 뮤지컬을 보고 흥분했던 내 모습을 떠올린다.

이탈로 칼비노 Italo Calvino 가 그랬던가. 여행자는 새로운 도시에 도착할 때마다 자신 안에 있었지만 미처 가지보지 못했던 과거의 한 조각을 발견한다고 말이다. 완전히 낯선 곳에 놓여 있을 때 발견한 내 모습은, 서울이나 한국에 있을 때의 나와는 확연히 다르다. 그곳에서 나는 추억을 그리워하기도 하고, 철학적 삶을 사유하기도 하며 평소보다 조금 더 낙천적이기도 하다. 우리나라 공항에 발을 딛는 순간 그 모든 것을 잊을지언정, 안개 같은 삶을 조금은 더 버티고 살아볼 기운을 장착하고 돌아온다.

칼비노는 소설 속에서 마르코폴로의 입을 빌어 쿠빌라이칸, 곧 우리에게 이렇게 말했다.

"폐하께서는 한 도시의 일곱 가지 아니 일흔 가지의 불가사의한 것들에서 즐거움을 찾는 게 아닙니다. 폐하가 던진 질문에 도시가 주는 대답을 통해 즐거움을 찾고 계십니다."

어떤 질문을 던질 것인가는 각자의 몫이다. 이 책에서 나누고자 하는 것은 '우리가 던진 질문에 도시가 내어준 대답'이다. 우리의 감상과 눈길이 모두에게 닿기를 바라지는 않는다. 다만 독자들의 경험을 풍부하게 해줄 'MSG'의 역할을 할 수 있다면 더 바랄 것이 없겠다.

책을 쓰는 지난한 과정에서 적절한 순간 고삐도 쥐어 주고 인내심도 발휘해준 출판사 측에 감사의 말씀을 드린다. 이 책에 담긴 거의 모든 여정에서 함께 했던 나의 아이들에게 글로는 다 표현 못할 만큼 사랑한다는 말을 전한다. 여든이 넘은

연세에 오늘도 책장을 넘기고 계실 은환의 어머니께는 존경을, 마지막으로 지난 30년 동안 '나'를 참아주고 우리의 우정을 지켜준 은환에게 한마디 하고 싶다. 고맙다.

2026년 2월, 김지윤

연세에 오늘도 책장을 넘기고 계실 은환의 어머니께는 존경을, 마지막으로 지난 30년 동안 '나'를 참아주고 우리의 우정을 지켜준 은환에게 한마디 하고 싶다. 고맙다.

피렌체

르네상스를 꽃피운 공화정의 도시

"권력이 예술을 사랑했던 순간들이
이 도시에 남아 있다."

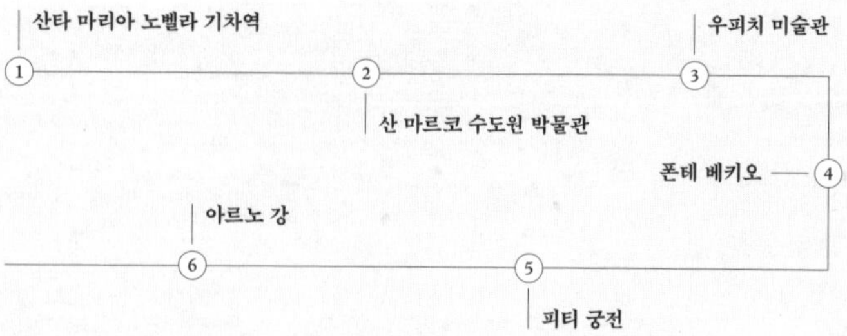

은환　이탈리아는 개인적으로 자주 갔었기에 제일 애정이 가는 나라예요. 많은 사람이 로맨틱한 곳으로 여기고, 예술성과 자연 풍광도 아름다워서 여행지로 인기가 많은 나라죠. 각양각색의 도시 중에서도 특히 피렌체는 볼거리가 넘치기 때문에 이탈리아에서 독보적이라고 생각한 적도 있어요. 지윤 님도 피렌체 좋아하시잖아요.

지윤　맞아요, 피렌체에 몇 번이나 갔죠. 원래 '꽃이 피다, 번성하다'라는 뜻을 가진 플로렌티아라는 이름에서 발전했고, 꽃의 도시라고도 불리는 도시예요. 문화적, 역사적으로 굉장히 풍부한데 정치적으로도 흥미로운 도시죠. 시뇨리아라고 하는 공의회가 있었고, 메디치 같은 가문이 갑자기 득세하기도 했고요.

은환　하루로는 다 즐길 수 없는 도시 같아요. 우피치 미술관도 예약해야 하고, 아카데미아 미술관 다비드 상도 봐야 하고요.

지윤　준비할 게 굉장히 많은 여행지예요. 흥미롭고 지적인 이야기가 시작될 것 같네요.

피렌체 이야기

마냥 로맨틱해져도 괜찮을 것 같은 도시. 피렌체에 서 있으면 자연스럽게 영화 〈냉정과 열정 사이〉의 준세이와 아오이의 만남을 꿈꿔보게 된다. 르네상스 시대로 되돌아간 듯, 골목을 돌아서면 레오나르도 다빈치Leonardo da Vinci나 단테 알리기에리Dante Alighieri가 걸어 나올 것만 같은 곳이 바로 피렌체다.

도시 곳곳에 스며 있는 르네상스의 향기에 취해 걷다 보면 어느새 아르노강을 건너게 된다. 토스카나의 햇살 아래에서 아이스크림을 들고 먹는 순간 문득 카트린 드 메디치Catherine de' Medici가 떠오른다. 그녀가 프랑스로 시집갈 때 젤라또를 가져갔다는 이야기가 있다. 프랑스 궁정의 고급 요리 문화인 '오뜨 퀴진'이 사실 이탈리아의 상인 집안 출신 인물에 의해 시작되었다는 것을 아는 사람은 얼마나 될까? 괜스레 으쓱해하며 피렌체에 스며든다. 그러다 우피치 미술관의 보티첼리를 만나고 아카데미아에서 다비드상을 마주한다. 산타마리아 델 피오레 대성당의 돔을 오르고, 미켈란젤로 언덕에서 내려다보는 피렌체의 풍경 앞에 서면, 수백 년 전 이 도시에서 살았던 사람들의 뛰어남은 쉽게 넘을 수 없겠다는 마음이 든다.

피렌체는 그런 곳이다. 한없이 친근하게 느껴지는 꽃의 도시였다가도, 어느새 압도당하는 마성의 도시다. 그래서 더 오래 기억에 남는다. 대부분의 여행객은 산타 마리아 노벨라 기차역에서 내리면서 꽃의 도시에서의 여정을 시작한다. 한국에서 가는 직항이 없어서 보통 로마나 밀라노를 거쳐 오기 때문이다. 낙천적이고 밝은 이미지 탓에 시간 관념도 부족하고

산타 마리아 노벨라 기차역

허술할 것만 같은 이탈리아지만, 의외로 철도 노선은 꽤 촘촘하게 잘 연결되어 있다. 이탈리아의 철도 건설은 1839년, 나폴리에서 포르티치를 잇는 짧은 노선에서 시작했다. 이탈리아 통일이 이루어진 1861년부터 본격적인 건설에 들어갔는데, 이는 단순한 교통망 확충이 아니라 하나의 국민국가를 확립하기 위한 중요한 프로젝트였다.

피렌체의 기차역 역시 이런 흐름 속에 있다. 피렌체는 1848년 철도 운영을 시작했으며 현재의 산타 마리아 노벨라 기차역은 1934년에 완공되었다. 당시에도 피렌체는 교통의 요충지였고 급격히 늘어난 승객을 감당하기 위해 대대적인 확장공사를 해야 했다. 흥미로운 점은 이 공사가 진행되던 시기, 이탈리아를 지배하고 있던 인물이 바로 '파시즘' 하면 떠오르는 베니토 무솔리니Benito Mussolini였다는 사실이다. 파시즘 정권은 권위와 힘을 과시하는 거대한 건축을 선호했다. 하지만 이 기차역은 오히려 주변의 중세적 풍경을 해치지 않으면서도 강한 모더니즘의 인상을 심었다. 전통과 권위 그리고 새로운 시대의 질서가 공존하는 이 기차역은 이탈리아 모더니즘 건축의 대표작으로 자주 언급된다. 피렌체에 도착하자마자 마주하는 기차역부터 이 도시가 결코 한 가지 얼굴만 가진 게 아니라는 걸 보여준다.

불멸의 한 쌍, 메디치와 피렌체

피렌체에 방문하기 전 반드시 알고 가야 하는 이름이 있다. 바로 '메디치' 가문이다. 역사에 큰 관심이 없어도 수업이나 매체를 통해 한 번쯤은 들어보았을 이름이다. 누군가는 상인 출신의 가문이 권력을 잡기 위해 공화정 피렌체를 망쳤다고 하고, 또 누군가는 예술가를 후원하며 피렌체 르네상스의 꽃을 피운 가문이라며 칭송하기도 한다. 그들의 욕망이나 인간적인 면모에 대한 비판은 피할 수 없겠지만, 메디치 가문이 없는 피렌체의 르네상스는 사실상 상상하기 어렵다. 피렌체가 곧 메디치이고 메디치가 곧 피렌체라는 말은 과장이 아니다.

메디치 가문의 기원에 대해서는 정확한 기록이 많지 않다. 어느 시대나 그렇듯이, 권력의 중심에 서게 되면 그간의 불리한 과거는 지우고 유리한 이야기만 남기기 때문이다. 역사 속에 처음 등장하는 메디치는 조반니 디 비치 데 메디치Giovanni di Bicci de' Medici이다. 여기서 '비치'는 그의 아버지 이름이고, 가문의 이름은 가장 마지막에 붙는다. 이후 반복적으로 등장하는 조반니, 피에로, 코지모, 로렌초 같은 이름들이 헷갈릴 수 있기 때문에, 이 공식만 기억해두어도 메디치 가문을 따라가는 데 한결 수월해진다.

조반니에게는 두 아들이 있는데 한 명이 코지모 데 메디치 Cosimo de' Medici이고 또 다른 한 명이 로렌초 데 메디치Lorenzo

메디치 가문의 주요 인물들이 그려진 동방박사들의 행렬,
베노초 고촐리Benozzo Gozzoli, 1459

de' Medici였다. 이 가운데 코지모가 이른바 '국부'라 불리며
피렌체 시민들의 존경을 받았던 인물이다. 우리가 흔히 아는
메디치 가문의 이야기는 대부분 코지모와 그의 직계 후손들
의 이야기다. 또 다른 아들 로렌초의 계보는 시간이 흐른 후
토스카나 공국을 다스리게 되는 코지모 1세 데 메디치Cosimo I
de' Medici로 이어지고, 이를 기점으로 메디치의 가문은 또 다
른 역사를 쓰게 된다.

코지모는 여러 귀족 가문들의 견제와 도전을 뚫고 메디치 가문을 피렌체의 지배 권력으로 자리 잡게 만든 인물이다. 그리고 그 뒤를 이은 것은 아들 피에로 데 메디치Piero de' Medici였다. 평생 통풍으로 고생했던 피에로에게는 두 아들이 있었는데 장남이 로렌초, 차남이 줄리아노였다. 그리고 이 두 형제의 운명을 갈라놓은 사건이 바로 '파치 가문의 음모'라고 불리는 암살 사건이다. 이 암살 음모에서 피렌체 최고의 미남으로 불리던 줄리아노는 성당 안에서 무참히 살해당한다. 메디치 가문이 공화국의 정신을 훼손하고 권력을 사유화하려 한다는 명분 아래 파치 가문이 메디치 가문의 권력을 빼앗으려는 시도였다. 하지만 치밀해보였던 이 계획은 틀어지게 된다. 피렌체 시민들이 메디치 가문의 편에 서며 파치 가문을 맹비난해서다. 하긴, 피렌체 최고의 미남을 잔혹하게 살해했으니 피렌체 여성들의 공분을 샀을 법하다. 결국 파치 가문은 무자비한 보복을 당했고 역사에서 완전히 사라졌다. 대담한 계획을 세웠다가 처참하게 망한 프란체스코 데 파치Francesco de' Pazzi는 오늘날 얼굴조차 남아 있지 않다. 로렌초 데 메디치가 파치 가문의 초상화를 한 점도 남기지 않고 모조리 없애버렸기 때문이다. 아이러니하게도 이 사건으로 피렌체의 절대 권력자가 되어버린 인물은 살아남은 형 '위대한 로렌초'다. 로렌초의 치하에서 피렌체는 최고의 번영을 누리고 문화와 예술의 발전을 맛보게 된다. 우리가 아는 피렌체 르네상스는 코지모와 로렌초 데 메디치 치하에서 꽃피웠다고 봐도 과언이 아니다.

짠한 천재 마키아벨리

위대한 아버지 밑에서 그만한 아들이 나오기 힘든 것일까? 로렌초에게는 아들이 셋 있었는데 장남은 피에로, 차남은 조반니 그리고 막내는 줄리아노였다. 서양의 여느 귀족 가문처럼 아버지와 형의 이름을 아들들에게 다시 붙였다. 가문을 계승한 피에로는 능력도 아버지에 미치지 못했을 뿐더러 1494년 프랑스의 샤를 8세Charles VIII of France의 침공이라는 커다란 위기까지 맞닥뜨리게 된다. 피에로는 샤를 8세와 협상해 항로와 항구를 내어주며 피렌체가 전쟁의 참화에 휩쓸리는 것을 막았다고 여겼지만, 무혈 입성하는 프랑스군을 본 피렌체 시민들은 모멸감에 분노했다. 메디치 가문의 권세에 슬슬 지쳐가던 차에 울고 싶은데 뺨 때려준 격이었다. 결국 메디치 가문은 피렌체에서 추방되고, 그로부터 18년 동안 피렌체로 돌아오지 못한 채 유럽 전역을 떠돌았다.

절대권력인 듯 절대권력 아닌 메디치가 사라지면서 피렌체의 지배자로 올라선 것은 도미니코회 수도사 지롤라모 사보나롤라Girolamo Savonarola였다. 약 4년간 이어진 기독교 근본주의 정치가 사보나롤라의 처형으로 끝난 후, 피렌체는 공화정 체제를 맞이하게 된다. 그리고 이시기에 등장해 외교관으로 활약했던 인물이 훗날 《군주론》으로 유명해지는 니콜로 마키아벨리Niccolò Machiavelli다. 마키아벨리는 메디치 가문이 쫓겨난 시기에 프랑스 국왕 루이 12세Louis XII of France와 교황 알렉산데르 6세Alexander VI를 접견했으며 《군주론》의 모델로 알려진 체사레 보르자Cesare Borgia를 만나며 승승장구했다. 하지만 메디치 가문이 18년의 망명 생활을 마치고 피렌체로 복귀하면서 고초를 겪게 된다. 메디치가의 블랙리스트에 올라 있던 마키아벨리는 모진 고문과 함께 쫓겨난 후 호시탐탐 중앙정계 복귀를 꿈꾸었다. 이를 위해 외교관으로서의 경험과 통찰을 담아 《군주론》이라는 책을 집필해 당시 피렌체 가문의 수장이었던 로렌초 2세에게 선사한다. 그런 까닭에 종종 사람들은 마키아벨리의 《군주론》이 일종의 구직을 위한 '자기소개서'라고 비유한다.

하지만 정사에 큰 관심이 없었던 로렌초 2세는 책을 거들떠보지도 않았다. 당시 메디치 가문은 유럽 최고의 강대국 스페인과 교황청의 든든한 지지를 받고 있었기 때문에 마키아벨리의 참고서가 굳이 필요 없었을 것이다. 다만 그렇게 버려졌던 군주론을 정작 열심히 읽은 것은 로렌초의 딸이자 후에 프랑스 왕비가 되는 카트린느 데 메디치였다는 흥미로운 이야기가 전해진다. 아이러니하게도 르네상스의 빛나는 피렌체 문화와 감각은 그녀를 통해 프랑스로 옮겨가게 된다. 이탈리아 여행 중 절대 빼놓을 수 없는 젤라토와 함께 말이다.

피렌체 여행의 시작

사실 피렌체는 아주 큰 도시가 아니다. 도보 이동만으로도 대부분의 관광지를 둘러볼 수 있다. 수트케이스를 들고 호텔부터 가야 하는 경우가 아니라면 산타 마리아 노벨라 역에서 동쪽으로 향하는 걸 추천한다. 영화나 사진 속에서 보던 장면과 주인공들을 자연스럽게 만날 수 있기 때문이다. 다만 우리를 힘들게 하는 것은 '너무 많은 사람'이다. 요즘은 관광지가 혼잡하고 과밀화되어 여행객과 지역 주민간에 갈등이 심화되는 오버투어리즘 시대다. 피렌체의 두오모, 산타 마리아 델 피오레 성당을 제대로 감상하려면 많은 인내심이 필요하다. 피렌체를 여러 번 여행했지만 최근 몇 년 동안은 길게 늘어선 줄에 지쳐 두오모 내부에 들어가지 못하고 세례당 앞에서만 로렌초 기베르티Lorenzo Ghiberti의 〈천국의 문〉을 하염없이 보다 발길을 돌리곤 했다.

피렌체는 정말 들를 곳이 넘쳐난다. 르네상스의 본고장이라 불릴 만큼 볼거리가 많아서 두오모에 들어가지 않더라도 여행자의 하루는 바쁘기만 하다. 물론 첫 방문이라면 두오모와 시뇨리아 광장에서 놀라움을 자아내는 르네상스 건축

시뇨리아 광장

Firenze

시뇨리아 광장

과 위대한 피렌체 공화국의 유산을 느껴보는 것이 제일 기본적인 순서다. 우피치 미술관에 아련하게 걸려 있는 시모네타 베스푸치Simonetta Vespucci를 모델로 한 비너스도 보고, 바라보는 사람의 시선에 맞춰 압도적인 크기로 서 있는 미켈란젤로Michelangelo의 다비드상도 봐야 한다. 하지만 이미 그 코스를 한 번 이상 경험한 'N차' 여행자는 중심부에서 조금만 벗어나면 꽤 한적한 분위기에서 놀라운 예술 작품들을 만나볼 수 있다.

프라 안젤리코와 사보나롤라를 만나다

산 마르코 수도원은 프라 안젤리코Fra Angelico의 수태고지 프레스코화를 소장한 것으로 유명하다. 이곳은 오전 8시 30분부터 오후 1시 50분까지만 개방하니 하루의 첫 행선지로 삼는 편이 좋다. 금방이라도 수도사들이 기도를 드리며 지나갈 듯한 어두컴컴한 박물관에 들어서 층계를 올라가면, 보는 이의 마음을 밝혀주는 〈수태고지〉가 나타난다.

1440년~1445년 사이에 그려진 것으로 추정되는 이 그림은 산 마르코 수도원의 재건축되던 시기에 코시모 데 메디치Cosimo de' Medici가 프라 안젤리코에게 주문한 작품이다. 프라 안젤리코의 원래 이름은 프라 조반니 다 피에솔레Fra Giovanni da Fiesole다. 피에솔레 출신의 조반니 수도사는 선한 성품과 하늘이 내려준 그림 실력을 인정받아 사후에는 천사를 뜻하는 안젤리코로 불리게 되었다. 성모 마리아에게 가브리엘 천사가 찾아와 성령으로 예수 그리스도를 잉태할 것이라는 놀라운 소식을 전하는 이 장면은 수많은 화가에 의해 반복해서 그려졌으나 이 작품만큼 아름다운 작품을 아직 보지 못했다. 30여분 간 〈수태고지〉만 바라보고 있던 적도 있다. 다소곳하면서 결연한 아름다운 성모 마리아와 영롱한 천상의 빛을 담은 날개를 달고 진중하게 소식을 전하는 가브리엘을 보면, 프라 안젤리코는 정말 이 그림을 세상에 남기기 위해 잠시 지상

프라 안젤리코, 〈수태고지〉,
1440~1445, 산 마르코 수도원

을 방문한 천사가 아니었을까 생각하게 된다. 발걸음을 떼지 못하게 하는 그림이지만 이 앞에만 계속 머무를 수는 없다. 이 수도원에는 거의 50여 점에 달하는 프라 안젤리코의 작품이 있기 때문이다. 프라 안젤리코는 수도사들이 기거하던 방마다 예수의 생애나 도메니코 수도사들의 수행을 담은 프레스코화를 그려 넣었다. 르네상스 당대의 미술가이자 메디치가의 행정가였던 조르지오 바사리Giorgio Vasari는 그의 책《르네상스 미술가 평전》에서 "코시모 데 메디치는 프라 안젤리코의 그림 솜씨를 애착하여 … (중략) 그리스도 수난의 모든 과정을 그리도록 위촉하였다"라고 전하며 그의 생애가 진실로 '천사'라는 이름에 걸맞다고 칭송한다.

〈수태고지〉가 그려질 당시 산 마르코 수도원은 막 재건된 상태였지만 그로부터 약 100년이 지난 뒤 이곳은 정치적 소용돌이에 휘말리게 되고 그 중심에는 앞서 언급한 지롤라모 사보나롤라가 있었다. 그를 뭐라고 부르면 좋을까? 누군가는 혁명가라고도 부를 것이고 누군가는 요승이라 할 것이며 또 누군가는 예수의 뜻을 가장 철저히 따르려 했던 인물이라고 평할지도 모른다. 1452년에 태어나 1498년 화형으로 생을 마친 사보나롤라는 볼품없는 한 수도사에서 피렌체를 움직이는 웅변가로 성장했다. 그는 산 마르코 수도원의 수도원장에 머무르지 않고, "탐욕을 멈추고 신의 뜻에 따라 살아야 한다"는 뜻을 펼치며 마침내 피렌체 지도자 중 한 사람이 되었다. 그가 활약하던 시기는 '위대한 로렌초'의 시대가 저물어가고 피렌체에 각종 어려움이 닥치던 시기였다. 피렌체와 메디치가에 막대한 부를 안겨준 양모 산업은 유럽 전역에서 경쟁자가 나타났고, 설상가상으로 프랑스 등 피렌체를 집어삼키려는 외부 세력의 침입도 끊이지 않았다. 산 마르코 수도원은 그렇게 신의 계시와 인간의 욕망이 겹쳐지는 장소가 되어가고 있었다.

이러한 사보나롤라의 웅변에 홀려 자신의 그림을 불태운 사람도 있다. 바로 보티첼리다. 바사리는 그의 책《미술가 열전》에서 보티첼리가 사보나롤라에 빠져 노후에 많은 어려움을 겪었다고 꼬집었다. 화가이자 메디치가의 행정가였던 바사리에게는 보티첼리가 우매한 노인으로 보였던 걸까?

우피치 미술관의 바사리와 보티첼리

아무리 줄을 길게 서도 피렌체에 오면 꼭 둘러봐야 하는 곳이 우피치 미술관이다. 유럽 최초의 미술관이라고도 불리는 이곳은 코시모 1세에 의해 1560년경 착공되었으나 본격적으로 미술관의 기능을 갖추기 시작한 것은 1581년, 코시모 1세의 아들인 프란체스코 1세의 명에 의해서다.

1591년 우피치를 둘러본 피렌체의 문인 프란체스코 보키 Francesco Bocchi는 "(우피치의) 가장 높은 층, 동쪽을 바라보는

쪽에 조각, 뛰어난 그림, 엄청나게 값비싸고 최고의 아름다움을 지닌 물건들로 가득찬 갤러리가 만들어졌다. 이곳은 정말 세상에서 가장 아름다운 광경을 볼 수 있는 곳이다. 눈길이 닿는 곳마다 웅장하고 특이하고 숭고한 것들로 가득 차 있어 보는 기쁨에 거의 기절할 지경이다”라는 글을 남겼다.

우피치는 제대로 보려면 한나절도 부족하다. 시간이 많지 않을 때는 가장 좋아하는 그림부터 찾게 된다. 보티첼리의 〈비너스의 탄생〉이나 〈봄〉도 좋지만 늘 붐비는 관람객들로 차분히 감사하기는 어렵다. 보티첼리의 〈찬가의 성모〉는 조금 더 한가하게 즐길 수 있는 작품이지만 그 아름다움은 결코 뒤지지 않는다. 성모의 성스러움을 느끼기엔 너무나 화려한 미모의 여인을 모델로 한 듯 보여도, 이 작품은 큰 울림을 남긴다. 성모의 표정이 초연하면서도 단호해서 아들에게 닥칠 슬픈 운명을 미리 받아들이는 듯 보인다.

실제로 보티첼리는 당시 피렌체 최고의 미녀인 시모네타 베스푸치Simonetta Vespucci를 연모했던 걸로 알려져 있다. (성에서 알 수 있다시피 아메리카 대륙을 발견한 아메리고 베스푸치Amerigo Vespucci의 친척이기도 하다.) 그러나 누구든 뒤돌아볼 수밖에 없게 만드는 미모를 가졌던 그녀는 이미 결혼을 한 유부녀였다. 그렇지 않았다 하더라도 수많은 귀족 구혼자들이 앞다퉈 그녀의 환심을 사려고 했을 터라 공방의 화가에 불과한 보티첼

산드로 보티첼리, 〈찬가의 성모〉, 1481

리에게 넘어갔을 것 같지는 않다.

남의 애달픈 짝사랑이나 연애 이야기처럼 흥미로운 게 어디 있을까. 그래서 후대 사람들은 보티첼리가 그녀에 대한 끊을 수 없는 사랑을 담아 많은 작품 속에 그녀를 그려 넣었다고 추측했다. 〈비너스의 탄생〉, 〈봄〉에 이어 〈찬가의 성모〉 속의 성모 역시 시모네타가 아닐까. 이를 증명할 기록은 없지만, 르네상스 최고의 화가가 가슴을 쥐어 뜯으며 애정을 담아 붓질 하는 모습을 상상하는 것만으로도 작품의 매력이 느껴진다.

폰테 베키오의 변신은 무죄

우피치를 빠져나와 베키오 다리를 건넌다. 베키오 다리를 의미하는 폰테 베키오는 말 그대로 '오래된 다리'를 의미한다. 1345년경 현재의 모습으로 완성되었다고 알려지는 이 다리는 세 개의 큰 아치로 구성되어 있다. 다리를 건너면서 양쪽에 늘어선 상점들을 구경하는 재미도 쏠쏠하다.

메르카토라 불리는 상점들의 역사 또한 오래되었다. 메르카토는 이탈리아어로 '시장'을 뜻한다. 특정 건물이라기보다 상업 활동이 이루어지는 공간을 가리키는 말이다. 폰테 베키오가 완공된 직후부터 다리 위에는 상점들이 들어섰는데, 초기에는 정육점이나 생선 가게, 무두장이나 가죽 세공업자들이 많았다. 이런 상점들이 특히 많았던 이유는 업장의 특성상 악취가 많이 나기 때문이었다. 피나 폐기물을 강물에 씻어내기에 이만한 곳이 없었을 것이다.

그렇게 냄새나는 다리로 유명했던 폰테 베키오는 페르디난도 1세Ferdinando I de' Medici가 나타나며 환골탈태하게 된다. 페르디난도 1세는 피렌체의 화려했던 문화를 되살리고 싶어했고, 도시 한복판에 냄새나는 다리가 있는 것이 부적절하다 생각했다. 그러면서 악취를 풍기는 업종은 모두 폰테 베키오에서 내보낸 후 보석상이나 금은 세공업들로 점포를 채웠다. 이후 폰테 베키오는 피렌체 보석상들의 중심지가 되었고, 몇

폰테 베키오

백 년이 지난 지금도 여전히 귀금속 상점들이 입점해 있다.

폰테 베키오를 지나면서 생각나는 오페라 아리아가 있다. 자코모 푸치니Giacomo Puccini의 오페라 〈잔니 스키키〉에 나오는 〈나의 사랑하는 아버지〉다. 제목과 멜로디만 들으면 아버지를 사랑하는 딸이 절절한 효심을 담아 부르는 노래 같지만, 사실은 사랑하는 남자와의 결혼을 허락해달라며 은근한 협박을 건네는 곡이다. 그를 정말로 너무 사랑하니까 허락해달라, 안 그러면 베키오 다리로 가서 아르노 강으로 확 뛰어내리겠다는 내용이니까 말이다. 예나 지금이나 무자식 상팔자다.

화려했던 피티 가문의 궁전

폰테 베키오를 건너 조금은 한적한 올트라르노에도 꼭 봐야 할 명소가 많다. 피티 궁전도 그중 하나다. 메디치의 경쟁 가문인 피티 가문이 지은 이 궁전은 메디치 가문의 초기 궁전인 리카르디궁과 메디치에 맞서던 스트로치 가문의 궁보다 훨씬 웅장하고 화려하다. 흥미롭게도 메디치 가문은 훗날 이 궁전을 사들여 오랫동안 기거했다.

궁전 안에는 팔라티나 미술관이 자리하고 있다. 우피치의 명성에 가려진 이 미술관에도 걸작들이 많이 있다. 미술품들은 당시 사람들이 실제로 이곳의 미술품을 감상하던 방식 그대로 벽을 가득 채워 전시되어 있다. 인위적인 조명과 자세한 설명이 없어 어두운 구석의 그림은 제대로 보이지 않기도 해서 관람이 다소 어렵게 느껴질 수 있지만, 마치 실제 귀족의 집에 초대받은 기분이 들어 더 재미있다.

무심하게 걸려 있는 그림들이라 해도 만만한 그림들은 아니다. 이곳에서 꼭 보아야 하는 그림들은 티치아노 베첼리오 Tiziano Vecellio의 〈참회하는 막달라 마리아〉와 산치오 라파엘로 Raffaello Sanzio의 성모상들이다. 티치아노는 총 6편의 〈참회하는 막달라 마리아〉를 그렸는데 피티 궁전에 있는 작품만이 누드로 그려졌다. 예수에 의해 과거의 죄악을 씻고 신앙의 길로 들어서는 막달레나가 눈물을 흘리며 참회하는 순간만큼

탁 트인 정원을 품은 피티 궁전

성스러운 순간은 없을 것이나 평범한 인간의 눈에 보이는 이 그림 속 막달레나의 모습은 상당히 관능적이다. 그녀의 모습을 나체로 묘사한 이유는, 막달레나가 예수의 승천 후 사막에서 30년을 보내며 옷이 다 헤져서 거의 나체 상태에 가까웠다는 중세의 전설을 시각화한 것으로 보인다. 이 전설은 16세기 당시 에로티시즘을 신앙심과 결합할 수 있는 가장 좋은 핑계였다고도 해석된다. 당대의 사람들은 이 그림을 보며 "그리스도에 대한 불타는 열정으로 빛나고 있다"라는 평을 남기기도 했다. 결국 이 그림을 어떻게 받아들이냐는 우리의 마음에 달

티치아노 베첼리오, 〈참회하는 막달라 마리아〉
1558~1563, 캔버스에 유채

려 있는지도 모르겠다.

피티 궁전을 거닐다 보면 궁전의 화려한 색감에 매료된다. 방마다 실크 벽지로 감싼 것만 보아도, 당시 피티 가문이 메디치에 도전할 정도로 뛰어난 재력을 가지고 있었다는 것이 실감난다. 그 옛날 직물은 '부'를 상징했다. 산업혁명 이전, 동물의 털이나 식물에서 실을 자아내어 천으로 만드는 작업은 엄청나게 노동집약적인 산업이었고, 직물은 동방과의 주요 사치 교역품이었다.

피렌체는 13세기부터 직물로 성장한 도시였다. 양모와 실크 산업의 중심지였고 직물산업 공급망의 핵심을 이루었다. 도시는 이를 통해 어마어마한 부를 축적했고 피렌체의 부자와 권력자들 역시 직물 산업과 유통, 그리고 이를 기반으로 한 금융업을 통해 부를 일군 이들이었다.

피티 가문은 피렌체의 명망 높은 상인 겸 금융가 집안이었다. 특히 루카 피티Luca Pitti는 피렌체의 코지모가 피렌체의 권력자로 부상하는 데 크게 조력했던 인물이었다. 아마도 영리했던 루카는 자신이 코지모의 뒤를 이어 피렌체를 지배할 거라 기대했을지도 모른다. 그러려면 메디치 가문보다 피티 가문이 더 부유하고 뼈대 있다는 위용을 보여줄 필요가 있었다. 코지모가 나이 들어 병약해질 무렵인 1458년, 루카 피티는 화려하고 위풍당당한 궁전, 무엇보다도 메디치 가문의 저택보다 크고 화려한 궁을 지으라고 명령한다. 이 거대한 프로젝트의 설계자가 누구인지를 두고는 의견이 분분하다. 한 설에 따르면 두오모의 돔을 올린 필리포 브루넬레스키Filippo Brunelleschi의 설계를 그의 제자 루카 판첼리Luca Fancelli가 지었다고도 한다.

흥미로운 점은 메디치 가문이 자신들의 저택인 팔라조 메디치 리카르도를 지을 때 브루넬레스키를 고려했다가 최종적으로는 배제했다는 점이다. 그의 디자인이 너무 화려하고 왕궁처럼 보인다는 이유에서였다. 어쨌거나 공화국의 이름을 걸고 있는 피렌체에서 사실상의 지배자 노릇을 하고 있는 메디치 가문은, 화려한 궁전을 지었다가 피렌체를 왕국으로 변질시키려 한다는 시민들의 비난을 받을까봐 두려워했다.

하지만 루카 피티에게 그런 점은 중요하지 않았다. 전해지는 말에 따르면, 창문이든 현관이든 메디치가보다 더 크고 화려하게 만들도록 요구했다고 한다. 그러나 루카 피티는 궁전의 완공을 보지도 못한 채 세상을 떠난다. 엎친 데 덮친 격으로 피티 궁전 건설에 너무 많은 돈을 퍼붓는 바람에 피티 가문은 재정적으로도 어려워진 상황이었다. 무엇보다도 우습게 보았던 코지모의 아들 피에로가 나름 귀족들을 잘 규합하여 피티가 주도하던 반反메디치 연합이 와해되고, 정치적으로도 영향력이 급격하게 줄어들면서 피티 가문은 몰락의 길로 들어서게 된다.

야심찬 피티 궁전 프로젝트가 시작한 지 100년 가까이 흐른 1549년, 아이러니하게도 이 궁전은 코지모 1세의 부인 엘레오노라 디 톨레도Eleonora di Toledo의 요청에 따라 메디치 가문이 사들이게 된다. 이야기는 다소 안타깝지만, 피티가 이 궁전에 모든 것을 쏟아부은 덕분에 오늘날의 방문객들은 더 풍요로운 시간을 누릴 수 있게 되었다. 이탈리아 정원의 정수라고 불리는 보볼리 정원, 라파엘로나 티치아노가 무심하게 걸려 있는 팔라티나 미술관, 메디치 가문과 사보이아 왕가, 합스부르크-로트링겐 가문이 머물던 저택, 그리고 의상 박물관까지. 피티 궁전은 르네상스의 삶과 권력을 한 자리에서 느껴볼 수 있는, 피렌체에서 절대 놓칠 수 없는 보석 같은 장소다.

은환 on

두오모 근처는 밤에 거닐어 보는 것을 추천한다. 낮에 비해 조금 더 조용히 성당의 면면을 볼 수 있다. 흰색, 분홍색, 초록색 등 색색의 대리석 벽에 조명이 비추어지면 건물이 한 송이 꽃으로 느껴지기도 한다. 피렌체에서 더위와 인파에 지쳤다면 산토 스피리토 성당에 들어가 잠시 시간을 보내도 좋다. 브루넬리스키의 걸작 중 하나로 꼽히는 이 성당은 미완의 파사드가 더 정갈하고 신비로운 느낌을 주는 곳이다. 이곳에는 미켈란젤로가 만든 예수상이 걸려 있는데 미켈란젤로의 다비드나 다른 조각과 달리 근육의 표현 등이 절제되어 좀 더 처연한 느낌을 준다. 잠시 바깥의 소란과 여행의 피로함을 잊고 나를 돌아보는 시간을 가질 수 있는 최고의 장소다.

피렌체에서 맛집을 몇 개만 꼽기는 어렵다. 동네를 거닐다가 어딜 들어가도 만족스러운 식사를 할 수 있다. 피렌체에서 가장 유명한 요리는 뭘까? 비스테카 알라 피오렌티나가 떠오른다. T본 스테이크를 숯불에 구운 간단한 요리지만 그 전통은 피렌체만큼이나 오래되었다고 전해진다. 메디치 가문은 전성기 시절 축하 행사가 있을 때마다 큰 모닥불을 피워 고기를 구워 시민들에게 나누어주었다고 한다. 여행 책자에 나온 유명 식당 대신, 산 로렌초 시장 근처의 허름한 식당에 들어가 비싸지 않은 와인 한 잔과 함께 스테이크를 먹어도 충분히 만족스러울 것이다.

지윤 on

피렌체는 단순한 행정 지역이 아니라 이탈리아 르네상스 문명의 공간이다. 황제가 다스리는 제국도 아니었고, 절대 왕정이 보여주는 압도적인 화려함을 지닌 곳도 아니었다. 이곳의 정체성은 상인과 은행가, 장인들이 함께 만들어간 도시국가에 가깝다.

이탈리아어의 표준이 되었다고 알려진 토스카나어는 단

테, 페트라르카, 보카치오와 같은 르네상스 문학가들에 의해 제련되었으며, 이들 모두 토스카나에서 활동했다. 보통은 수도의 언어가 표준어가 되기 마련이지만, 이탈리아어는 시인들의 언어가 표준이 되었다는 점에서 낭만적인 면모가 보인다. 여행 중에 시간이 충분하다면, 피렌체 외의 다른 도시국가를 들러보는 것도 추천한다. 특히 시에나, 루카, 피사는 각자의 매력을 지니고 있다. 중세 도시에 와 있는 듯한 착각을 불러일으키는 시에나, 자코모 푸치니의 고향 루카, 보기만해도 현기증이 나는 기울어진 탑이 있는 피사까지. 놓칠 것 하나 없는 곳이 바로 토스카나다.

2장

교토
일상으로 전통을 지켜온 도시

Kyoto

"사람들로 붐비는 명소보다,
조용한 골목에서
교토가 보이기 시작했다."

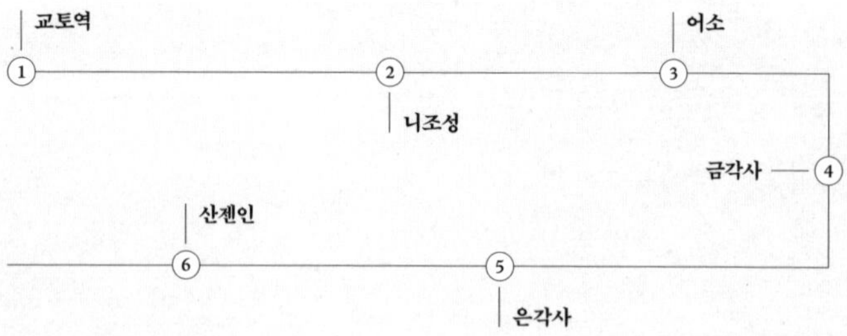

은환　교토는 한여름의 무더위만 피한다면 언제 가도 좋은 도시죠. 봄에는 벚꽃, 가을에는 단풍이 절경이고요. 다만 관광객이 너무 많아 다니기 힘들 때도 있죠. 2024년에 교토를 방문한 관광객 수가 5,600만 명이었다고 하더라고요. 인구가 144만 명인 도시라는 걸 생각하면 꽤 놀라운 숫자죠.

지윤　저는 교토를 두 번밖에 못 가봤어요. 그것도 극성수기인 10월 말과 11월 초라서, 사람들에게 밀려다녔던 기억이 먼저 떠오르네요. 워낙 넓고 볼거리가 많은 도시라 언젠가는 꼭 다시 가보고 싶어요. 계절마다 분위기가 다르니, 갈 때마다 새로운 얼굴을 보여줄 것 같고요.

은환　맞아요. 그런데 청수사 같은 대표적인 사찰에서 조금만 벗어나면 분위기가 확 달라져요. 관광객이 적은 골목이나 작은 절에 들어서면, 소박하고 고즈넉한 풍경 속에서 일본의 역사와 전통이 자연스럽게 느껴지죠. 그게 교토의 큰 매력이라고 생각해요.

지윤　네, 특히 서양 사람들이 일본에 빠지는 이유가 그대로 남아 있는 곳이 교토 같아요. 물론 한국인들에게도 여전히 사랑받는 도시이기도 하고요. 유명한 명소도 좋지만, 천천히 걷다 우연히 마주치는 풍경이 더 오래 기억에 남는 도시라 그렇겠지요.

천년의 수도, 천황의 도시

교토는 '천년의 수도'라는 별칭으로 불린다. 실제로 794년부터 1868년까지 실로 천 년이 넘는 기간 동안 일본의 수도였다. 가끔 교토를 경주와 비교하기도 하는데, 두 도시 모두 700년대에 각 나라의 수도였다는 면에서 유구한 역사를 자랑하는 것은 비슷하다. 하지만 경주가 935년 경순왕이 고려의 왕건에게 항복하며 사실상 수도의 지위를 잃은 데 반해 교토는 메이지 유신 시대인 1868년까지 천여 년간 수도의 자리를 지켜왔다. 교토는 천년의 고도이면서도 근대화의 격변을 지켜본 산 증인 같은 도시다. 교토를 걸으면 다채로운 역사의 장면들이 켜켜이 쌓여 있음을 실감하게 된다.

이처럼 다양한 매력을 지닌 도시 교토를 한마디로 정의하기란 어렵지만 '천황의 도시'라는 표현이 교토가 이루어낸 역사를 가장 잘 설명해줄 수 있을 것 같다. 794년 간무 천황桓武天皇이 교토로 천도를 감행하며 헤이안 시대가 열렸고, 일본 고유의 문화도 이때부터 본격적으로 틀이 잡혔다. 1185년 가마쿠라 막부가 정권을 잡은 이래 전국 시대를 거치면서 천황가는 점점 상징적인 존재가 되었지만, 일본의 수도라는 권위와 상징은 늘 교토만의 것이었다.

교토는 천 년 전의 모습을 지녔을까

그렇지만 우리가 감탄하는 교토 대부분의 유적과 모습은 사실 천 년 전의 것은 아니다. 15세기 오닌의 난으로 인해 당시까지의 교토는 대부분 사라졌기 때문이다. 때로는 화려하고, 때로는 고즈넉한 아름다움을 간직한 교토는 사실 피비린내 나는 비극의 역사도 함께 품고 있다. 교토의 역사는 크게 다섯 시기로 나뉜다. 처음 수도로 자리 잡은 시기를 헤이안 시대라고 한다. 당시 교토의 이름은 헤이안쿄로, 당나라의 수도 시안을 모델로 도시를 조성했다. 약 400년 동안 유지된 헤이안 시대는 천황과 화려한 귀족 문화가 발달했던 시기다. 이후 귀족의 세력이 약해지고 무사의 시대가 도래하는데 이때 등장한 주요 막부가 가마쿠라 막부, 그리고 뒤이어 등장한 무로마치 막부다.

　여기서 잠깐, 영화나 소설에서 자주 접하지만 헷갈리기 쉬운 천황, 쇼군, 사무라이, 다이묘를 짚어보려고 한다. 전설에 따르면 천황은 기원전 660년경 태양의 여신 아마테라스의 후손인 진무 천황에서 시작되었다고 전해진다. 물론 이는 전설일 뿐이다. 실제로는 현재의 나라 분지인 야마토 지역에서 일본을 통일하는 초기 중앙집권 국가가 형성된 시점을 천황가의 기원으로 본다. 이 과정에서 백제를 통해 불교, 한자, 각종 제도가 전파되었고, 이를 받아들인 세력이 바로 야마토 왕권이다. 천황가가 한반도와 혈연적으로 연결되어 있다는 주장이 나오는 배경 역시 이 야마토 왕권과 백제의 긴밀한 관계에 근거한다. 쇼군은 정이대장군의 줄임말로, 실질적인 통치자를 의미한다. 천황으로부터 군사권과 행정권을 위임받은 존재로, 가장 강력한 사무라이 가문의 수장이 쇼군이다. 그리고 이 쇼군이 이끄는 무사 정권을 '막부'라 부른다. 일본에는 세 차례의 대표적인 막부가 등장하는데, 가마쿠라 막부, 무로마치 막부, 그리고 마지막이 에도 막부다. 다이묘는 봉건 영주로 볼 수 있다. 쇼군의 부하이지만, 쇼군의 권력이 약해질 경우 언제든 야심을 품을 수 있는 존재들이기도 하다. 에도 막부를 창시한 도쿠가와 이에야스德川家康 역시 다이묘 출신이다.

헤이안 시대에 수도였던 교토는 1192년 미나모토노 요리토모源賴朝가 이끄는 가마쿠라 막부가 등장하면서 상징적인 수도로 남게 된다. 실질적인 정치와 행정은 가나가와현의 가마쿠라에서 이루어졌기 때문이다. 약 150년간 유지된 가마쿠라 막부는 아시카가 다카우지足利尊氏가 수장이 된 무로마치 막부로 대체되며, 이때 다시 교토가 정치와 행정의 중심이 된다. 무로마치 막부 시대는 일본 미학의 원형을 탄생시킨 시기로 평가된다. 무사 정권이었지만 귀족 문화 역시 복합적으로 발전했다. 불교를 중심으로 한 선禪 문화가 확립되고, 다도 역시 이 시기에 발전한다. 금각사, 은각사도 모두 이때 건립되었다. 명과의 조공무역을 통해 국제무역 질서에 참여하며 일본은 점차 국제사회에 모습을 드러낸다. 그런데 1467년, 오닌의 난이 교토 한복판에서 벌어졌다. 무로마치 막부의 후계를 둘러싸고 벌어진 이 참혹한 내전은 교토를 동군과 서군으로 갈라놓았다. 오늘날 고급 전통 직물 문화의 상징인 니시진은 당시 서군을 이끈 야마나 소젠山名宗全의 본진이 있던 곳이다. 불과 수백 미터를 사이에 두고 수십만 명의 병력이 맞붙은 전투는 교토를 초토화했고, 10년에 걸친 시가전은 화려했던 귀족 문화를 파괴했다. 가마쿠라 막부 시기에 세워진 다이호온지 본당이 살아남은 것은 기적에 가깝다. 결국 무로마치 막부는 사실상 통제력을 상실하고 일본은 전국시대로 접어든다. 이때

우타가와 요시토라歌川芳虎, 〈오닌의 난〉, 1467~1477

부터 우리에게도 익숙한 오다 노부나가織田信長, 도요토미 히데요시豊臣秀吉, 도쿠가와 이에야스의 시대가 시작된다. 활극이 넘치는 전국시대를 지나 이에야스는 새로운 막부를 창시했는데, 바로 에도 막부다. '에도'는 오늘날 도쿄의 옛 이름이다. 이에야스는 교토가 아닌 에도를 중심으로 정권을 구축했다. 교토에는 여전히 천황이 남아 있었지만 그야말로 상징적인 존재에 불과했다. 이후 메이지 유신까지 도쿠가와 가문의 쇼군 15명이 약 260년 동안 일본을 통치한다.

메이지 유신, 천황 그리고 교토

한 나라의 역사에서 '분기점'이라 부를 만한 순간을 하나만 꼽기란 어려운 일이다. 그럼에도 일본의 역사를 되짚어보면 메이지 유신이 그 변곡점으로 또렷이 떠오른다. 메이지 유신은 하나의 사건이라기보다, 19세기 중반부터 수십 년에 걸쳐 진행된 사회적 변혁 운동이었다. 일본은 메이지 유신을 통해 서구 열강과 나란히 산업화와 헌정 체제를 갖춘 나라가 되었다. 그런데 민중이나 평민 자본가가 주도했을 법한 변화의 중심에, 오랫동안 뒷방 늙은이 취급을 받던 천황이 자리하고 있었다는 점은 꽤 역설적이다. 상징적 존재에 불과했던 천황이 거대한 변화의 서사 한가운데로 호출된 것이다. 이러한 역설 덩어리인 메이지 유신의 결정적 장면이 바로 '대정봉환'이다. 대정봉환은 막부가 천황에게 정권을 반환한 역사적 사건으로, 도쿠가와 가문의 교토 본거지였던 니조성에서 일어났다.

사실 니조성은 별다른 역사적 배경지식 없이 둘러보아도 충분히 인상적인 장소다. 정교하고 화려하게 장식된 당문을 지나 내부로 들어서는 순간, 방마다 장대한 자연 풍경이나 신선들을 그린 장벽화가 펼쳐진다. 건물을 둘러싼 드넓은 정원 역시 빼놓을 수 없다. 오전 8시 45분에 개장하니 날씨가 좋은 날에는 아침 산책 삼아 들러도 좋다. 성 안팎을 한 시간 넘게 둘러본 후 근처의 아늑한 카페에서 커피를 마시며, 니조성

니조성 당문

니조성 외부의 수로

이 겪어낸 역사를 곱씹어보는 것도 좋다.

도쿠가와 이에야스가 전국시대의 혼란을 수습하고 세이이타이쇼군征夷大将軍에 임명된 것은 1603년이었다. 이때부터 본격적인 에도 막부 시대가 열렸고, 정치의 중심지는 도쿄가 되었다. 이에야스가 교토를 방문할 때 거처로 사용했던 니조성이 완공된 것도 같은 해다. 이후 1624년에는 3대 쇼군 도쿠가와 이에미쓰德川家光가 당시 천황이었던 고미즈노 천황後水尾天皇을 니조성으로 맞이했는데, 이를 위해 성 내부가 대대적으로 개조되었다고 전해진다. 이렇듯 도쿠가와 막부의 화양연화를 함께한 곳이자, 막부의 최후가 선언된 곳도 니조성이다. 1867년 열강의 압박과 사회 변혁에 대한 열기가 거세지면서 도쿠가와 막부가 더 이상 새로운 시대를 짊어질 수장으로서 적임이 아니라는 의견이 모아졌다. 이에 15대 쇼군인 도쿠가와 요시노부는 바로 니조성 안 니노마루 궁전의 주회의실로 주요 영주들을 소집해 도쿠가와 막부 시대의 종언을 고하며 천황에게 정권을 반환하겠다고 선언한다. 니조성을 방문하면 나누어주는 안내문에는 "봉건제의 마지막 무대이자 근대 일본 시작의 무대"라는 설명이 있다. 전국시대의 끝과 도쿠가와 막부의 시작, 봉건제의 끝과 근대의 시작, 이러한 역사의 무대가 바로 니조성이다.

궁궐에서 흐르는 천황의 시간

메이지 천황明治天皇의 이름은 메이지 유신을 통해 세계사의 일부가 되었다. 그의 생애에 대해 좀 더 알고 싶다면 콜럼비아대 교수 도널드 킨Donald Keen의 《메이지라는 시대》를 읽어보길 권한다. 메이지 천황이라는 인물의 출생부터 즉위와 통치, 죽음까지를 매우 세밀하면서도 일목요연하게 정리했으며, 당시 급변하던 국제 정세의 이면까지 함께 다루고 있어 한 번 잡으면 손을 놓기 힘든 책이다. 당시 천황의 삶과 관련해 흥미로운 사실 하나는, 천황이 궁전 밖 출입을 거의 하지 못했다는 점이다. 신과 같은 존재인 천황이 그 근엄한 모습을 드러내며 사람들의 마음을 사로잡는 상황이 막부로서는 달가울 리 없었기 때문이다. 메이지 유신으로 정권을 완전히 되돌려받기 전까지, 천황은 궁궐인 교토 어소 밖을 거의 나가지 않았다. 이것이야말로 창살없는 감옥이 아닐까? 이런 궁금증 속에 교토 어소를 가보면 그 광대함에 감탄하게 된다. 남북으로 1.3킬로미터, 동서로는 700미터 남짓한 이 공간에는 천황 일가뿐 아니라 고위 관료와 귀족들도 일부 거주했다고 한다. 세계적인 소국인 모나코 공국 면적의 절반에 가까우니, 이런 규모라면 궁 밖을 나가지 않아도 어느 정도는 견딜 수 있지 않았을까 하는 생각이 든다. 교토 어소 안의 건물들은 대부분 비공개라 아쉽지만 정원과 궁궐의 건물을 밖에서 감상하는 것

교토 어소의 문

넓고 탁 트인 어소 내부

만으로도 방문할 가치는 충분하다. 특히 매화와 벚꽃이 필 무렵 숨막히게 아름다운 정원을 산책할 때는 이러한 정원에 갇힌다는 것이 축복일지 저주일지 궁금해지기도 한다. 그러나 이러한 질문이 얼마나 어리석은 것인지는 메이지 천황의 삶이 보여준다. 메이지 천황은 대정봉환으로 국가 통치의 전면에서 국토 전역을 누볐다. 비가 쏟아지고 모기가 달려드는 거친 환경 속에서도 자신의 영토와 신민을 둘러보았던 것이다. 마치 그간의 갇혀 있던 삶을 보상받으려는 듯이 말이다. 메이지 천황 시대 일본은 제국화의 길로 나아가며 우리에게 아픈 역사를 남겼다. 그럼에도 상징적 군주로서 안주하던 삶에서 벗어나, 발로 뛰는 왕으로 일본의 근대화를 이끌었던 메이지 천황이라는 인물에 대해서는 다시 한 번 생각해보게 된다.

금각사의 숨겨진 의미

교토의 대표적인 관광지 하면 가장 먼저 떠오르는 이미지는 아마도 금각사일 것이다. 금으로 된 누각이 연못 위에 떠 있는 모습은 가히 비현실적이다. 물에 비친 금빛 누각을 바라보며 백일몽에 빠져들었던 기억도 있지만, 이제 금각사에서 그런 시간적 사치를 부리기는 어렵다. 금각사는 오버투어리즘의 상징처럼 되어 버렸고 사람들에 떠밀려 사찰 주위를 한 바퀴 돌고는 허겁지겁 다음 행선지를 찾아 떠나야 하는 곳이 되었다. 말하자면 ‘교토에 다녀왔다’는 증거와 허세를 남기는 관광 ‘스폿’이 된 셈이다.

금각사는 오닌의 난을 겪고도 살아남은 사찰이다. 물론 아무런 피해가 없었던 것은 아니지만, 금각 누각 자체는 직접적인 화재를 피했다. 그렇게 험한 시대를 견뎌 낸 금각사는 아이러니하게도 1950년, 한 견습 승려에 의해 전소되고 만다. 당시 스물한 살이었던 승려 하야시 요켄林承賢은 정신적 문제를 안고 있었다. 열등감과 고립감에 시달리던 그는 금각사의 ‘완벽한 아름다움’이 주는 심리적 압박을 견디지 못하고, 금각사에 불을 지르는 만행을 저질렀다. 이 사건을 모티브로 미시마

금각사

유키오三島由紀夫는 1956년 소설《금각사》를 발표했고, 소설 속 주인공은 금각사에 불을 지른 이유를 "금각의 아름다움은 견딜 수 없는 것이었다. 그것을 파괴함으로써만 안식을 얻을 수 있었다."라고 말한다.

미시마 유키오의《금각사》에 대한 해석은 다양하다. 그중 하나는 소설 속에서 불을 지른 미조구치가 전후 상실감에 빠진 일본 국민을 상징하고, 금각사는 여전히 찬란하게 빛나는 전통적 가치를 의미한다는 해석이다. 이 관점에서라면 미조구치는 비루한 현실에 지친 일본 사회가 금각사라는 화려한 전통을 불태우고 새롭게 일어서야 하는 상황을 일깨운 존재가 된다. 그러나 미시마 유키오는 전후 일본의 변절 아닌 변절을 거부하며, 끝내 할복이라는 극단적인 선택을 했다.

금각사보다는 은각사

조금 더 여유롭게 사찰을 즐기고 싶다면 금각사보다는 은각사를 찾는 편이 낫다. 예전부터 교토 사람들에게는 화려한 금각사보다 은각사가 더 사랑받는 사찰이었다고 한다. 은각사에는 소박한 모습의 관음전이 있는데, 이 전각은 무로마치 시대 쇼군 아시카가 요시마사足利義政의 지시로 금각사의 번쩍이는 사리전을 본떠 지은 것이다. 하지만 나무 기둥이 그대로 드러난 수수하고 단정한 외관 덕분에 오히려 마음의 평화를

정원에서 바라보는 은각사

가져다준다.

　은각사를 둘러본 뒤에는 철학의 길을 걷는다. 작은 개울을 따라 조성된 이 벚나무길은 일본의 철학자와 문필가들이 자주 산책하며 사색하던 곳이라 하여 그 이름이 붙었다. 사색을 하기에는 사진을 찍고 싶은 욕망이 끓어오르는 길이지만, 개울을 따라 흐르는 맑은 물을 바라보며 걷다 보면 복잡했던 머릿속이 정리되는 느낌이 든다. 은각사를 나와서는 영관당으로 향한다. 우리나라에는 비교적 덜 알려져 있지만, 교토에서는 최고의 단풍 명소로 손꼽히는 곳이다. 이 절의 이름은 젠린지인데, 853년에 정토종 계통의 한 분파인 선림사파의 중심 사찰인 총본산으로 세워진 큰 규모의 유서 깊은 사찰이다. 잠시 신을 벗고 툇마루에 앉아 정원을 바라본다. 잘 가꾸어진 나무들과 단순하지만 균형미가 뛰어난 가레산스이를 바라보며 일본인들이 그려온 순수한 땅, 정토란 무엇이었을지를 생각해본다.

기온, 일본 게이코의 자부심

〈게이샤의 추억〉이라는 영화를 기억한다. 아서 골든Arthur Golden의 소설을 영화화했으며 일본의 게이샤 문화를 서구권에 널리 알린 작품이다. 영화 속에서 가난한 어부의 딸 치요는 언니와 함께 교토의 게이샤 합숙소로 팔려 간다. 신비로운 외모를 지닌 치요는 그곳에서 학대에 가까운 어린 시절을 보내지만, 당대 최고의 게이샤인 마메하의 후견을 받으며 '사유리'라는 이름을 가진 최고의 게이샤로 성장한다. 그러나 제2차 세계대전의 발발로 게이샤들이 모여 살던 하나마치는 붕괴되고, 그녀 역시 기모노를 팔고 기온을 떠나 여러 노동을 통해 생계를 이어가는 처지가 된다. 전쟁이 끝난 뒤 사유리는 과거로부터 벗어나 새로운 삶을 찾아 나선다. 소설과 영화가 공개되었을 당시에는 매혹적인 게이샤 이미지에 많은 이들이 매료되었지만, 일본판 오리엔탈리즘이라는 비판과 함께 실제 게이샤의 삶을 제대로 묘사하지 못했다는 비판도 뒤따랐다. 무

교토에서 마주친 게이코의 뒷모습

엇보다 영화 속 주인공 여배우들이 모두 중국 배우였다는 점은 지금까지도 종종 '웃픈' 사례로 회자된다.

이 소설과 영화의 주요 배경이 바로 교토의 기온이다. 그런데 교토에서는 이들을 게이샤가 아니라 '게이코'라고 부른다. 게이샤는 도쿄식 호칭이다. 교토에는 게이코와 게이코가 되기 위해 수련 중인 견습생 '마이코'가 있다. 교토의 마이코들이 게이코가 되기까지 걸리는 수련 기간은 보통 5~6년으로, 도쿄보다 긴 시간과 더 엄격한 과정을 거치는 것으로 알려져 있다.

교토의 게이코와 마이코들이 전통적으로 거주하며 활동하던 지역을 하나마치라고 부른다. '꽃의 거리'라는 뜻을 가진 하나마치는 교토에 다섯 군데가 있다. 그중 가장 크고 잘 알려진 곳은 기온 코부로, 소설《게이샤의 추억》의 배경이 된 지역이기도 하다. 이 밖에도 가모가와 강변을 따라 자리한 폰토초와 미야가와초, 기온 히가시, 교토에서 가장 오래된 하나마치인 가미시치켄이 있다. 저녁 6시 즈음 운이 좋으면 이 지역에서 연회장으로 출근하는 게이코들을 볼 수도 있다. 하지만 그녀들에게 접근해서 길을 가로막고 사진 좀 같이 찍자고 요청해서는 안 된다. 그랬다가는 매너 없는 관광객으로 욕을 들을 수 있다.

노포, 언제까지 갈 수 있을까

교토 철학의 길 주변에는 예쁜 카페들과 노포 식당들이 즐비한 걸 볼 수 있다. 사실 교토에서는 늘 무엇을 먹을지 고민하게 된다. 교토에 맛집은 정말 많지만, 특히 유명한 곳에 가려면 줄 서기를 각오해야 한다. 심할 경우 한 시간 넘게 기다리기도 한다. 여행 중 식당 앞에서 시간을 보내고 싶지는 않지만, 몇 군데 예외는 있다. 그중 하나가 은각사 근처의 히노데 우동이다. 카레 우동의 국물 맛은 오묘하게 깊고, 면발은 매끈하면서도 쫄깃하다. 문제는 이미 각종 여행 책자에 이름을 올린 지 수십 년이 지나서 늘 사람이 많다는 점이다. 줄은 길고 영업 시간은 오전 11시~오후 3시라 매우 짧다. 그마저도 재료가 떨어지면 오후 2시도 되기 전에 문을 닫아 헛걸음을 하기도 한다. 그럼에도 다시 히노데 우동을 찾게 되는 이유는, 음식의 맛을 넘어서는 다정함을 또 한번 느끼고 싶어서다.

긴 기다림 끝에 입장 순서가 되어 우동집 문이 열리면, 조금은 깐깐해보이는 반백의 아주머니가 무엇을 주문할지 묻고 자리를 안내해준다. 우동이 준비되면 허리가 굽은 종업원이 다정한 말 한마디와 함께 그릇을 식탁 위에 내려놓는다. 그 단순한 순간에 찾아오는 무장 해제된 것 같은 감각이 좋다. 몇 년의 시간차를 두고 교토의 노포 식당을 찾다 보면, 일하는 이들의 모습에서 시간의 흐름을 강렬하게 느끼게 된다. 가끔 찾아오는 여행객의 얼굴은 기억하지 못하겠지만, 우리의 기억 속에는 조금 더 젊었던 그들의 모습과 또 조금 더 젊었던 우리의 여행이 남아 있다. 그런 기억들을 떠올리며 괜히 감상에 젖기도 한다.

교토 근교의 소도시

교토는 규모가 큰 도시다. 교토의 면적은 828제곱킬로미터로 서울보다 약 1.36배 넓다. 그러나 이렇게 넓은 도시임에도 불구하고 인기 있는 관광지는 발 디딜 틈이 없어서 가끔은 마음이 지친다. '이러려고 교토를 찾은 건 아니었는데……' 하는 생각이 들 때도 있다. 그럴 땐 교토역에서 한 시간가량

버스를 타고 오하라로 간다. 오하라는 교토 동북부에 위치한 소도시로 분위기는 농촌 마을에 가깝다. 하지만 그저 평범한 마을은 아니다. 여자 황족들이 출가해 머물던 사찰들이 남아 있는 유서 깊은 곳으로 시간을 들여 둘러볼 만하다. 오하라에 도착하면 마음을 정해야 한다. 가장 큰 절인 산젠인을 먼저 볼 것인지 아니면 조금 더 숲길을 올라가야 하는 잣코인을 볼 것인지 말이다. 추천하고 싶은 동선은 잣코인을 먼저 보고 내려와 작은 뷔페 식당에서 식사를 하고 차를 마신 뒤, 산젠인으로 향하는 것이다. 오하라 버스 정류장 근처의 자그마한 뷔페 식당은 뜻밖에도 줄을 서야 하는 곳이다. 이렇게 한적한

산젠인

마을에서 줄을 서다니, 무언가 특별할 것 같지만 음식은 집에서 먹는 반찬과 국, 카레 같은 소박한 메뉴들이다.

식당을 채운 사람들을 보면 동네 노인들이 많다. 혼자서 외롭게 끼니를 챙기는 대신 이렇게 동네 분들이 모여 가볍게 식사를 해결하는 것이다. 이러한 공동체 식당이 등장하는 것은 65세 인구 비율이 30%에 육박하는 일본의 초고령화의 현실적인 문제가 깔려 있다. 그리고 그 추세를 우리나라가 바짝 뒤쫓고 있다.

다시 산젠인으로 향해 길을 걷다보면 원목으로 인테리어가 된 자그마한 카페가 나온다. KULM이라는 이름의 이 카페에서는 정말 뛰어난 향의 커피와 진한 고소함이 감도는 푸딩을 판다. 작은 카페의 창 너머엔 배추밭 풍경이 보일 뿐이지만 일본 여행에서 가장 기분 좋은 순간이었다. 이제 천천히 길을 건너 산젠인과 호센인의 차경借景을 즐기면 완벽한 교토 여행이 완성되는 것이다.

은환 on

교토는 밤거리가 좋다. 가로등이나 빌딩이 많지 않아 거리는 훨씬 어둡지만 한낮의 번잡함이 사라진 뒤의 친근함이 있다. 번화가인 산조 가와라마치 근처로 가면 골목에 바나 야키토리 주점들이 수줍게 불빛을 내고 있다. 용기를 내어 문을 밀고 들어가면 동네 사람과 외국인들이 적당히 섞여 있어 어색하지 않게 자리 잡기 좋다. 나는 야키토리 가게에 들르는 것을 좋아한다. 연기 속에서 열심히 꼬치를 굽는 젊은 장인의 모습도 보기 좋고 거기서 흘러나오는 닭고기 냄새만으로도 술맛이 배가 되는 느낌이다. 또한 교토에는 멋진 카페가 너무나 많다. 특히 어소에서 니시키 시장 방면으로 내려오다 보면, 작은 로스팅 카페들이 골목 곳곳에 숨어 있다. 깔끔하면서도 정감 있는 인테리어가 더해져 호젓하다. 니시키 시장과 산조 가와라마치가 이어지는 구역에는 '패션을 좀 안다' 하는 사람들이 찾는 세련된 브랜드들도 즐비해서 어디로 들어가야 할지 고민이 끊이지 않는다. 이렇게 길거리를 배회하며 선택을 망설일 때 우리 인생은 오히려 더 생기를 얻는 건 아닐까?

지윤 on

교토는 제2차 세계대전 당시 공습과 원자폭탄을 피해

갔다. 도쿄와 오사카, 고베 같은 주요 도시들이 차례로 공격을 받았던 것에 비하면 분명 이례적인 일이다. 당시 전쟁부 장관이었던 헨리 스팀슨Henry L. Stimson이 자신의 신혼여행지였던 교토를 폭격 대상에서 제외했다는 설이 있지만, 이는 사실이 아니다. 스팀슨이 일본을 여러 차례 방문한 것은 맞지만 공식 일정이었다. 스팀슨은 교토야말로 일본의 문화적 심장이라고 이해하고 있었고, 그런 도시를 파괴한다면 전쟁 이후 미국의 도덕성에 흠집이 생길 거라 여겼다. 또한 전후 소련과의 경쟁이 시작될 때 교토 공습은 일본과의 관계 복구를 불가능하게 만들 것이고, 나아가 자칫 일본이 공산주의 진영으로 기울어지는 결과를 가져올 수 있다고 보았다. 결국 교토가 폭격 대상에서 빠진 것은 문화적·정치적 고려 때문이라고 보는 것이 일반적이다.

전쟁의 한복판에서조차, 교토라는 도시는 수많은 이해관계 속에서 다른 운명을 부여받고 있었는지도 모른다. 교토를 걷다 보면 이 도시가 살아남았다는 사실 자체가 하나의 역사적 선택처럼 느껴질 때가 있다.

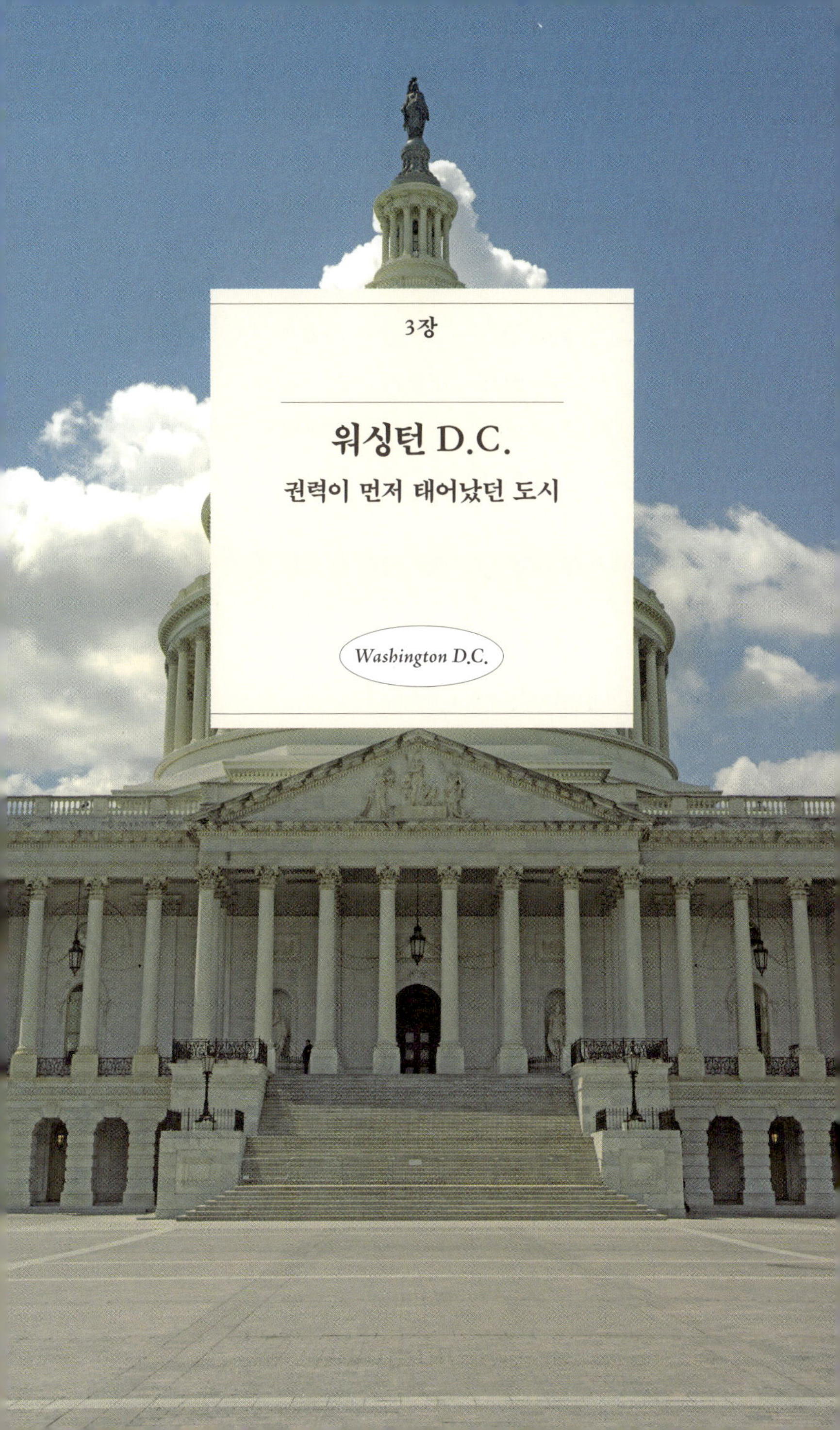

워싱턴 D.C.
권력이 먼저 태어났던 도시

"지루하다고 믿었던 도시의 반전,
워싱턴 D.C.는 문화를 통해 다시 태어났다"

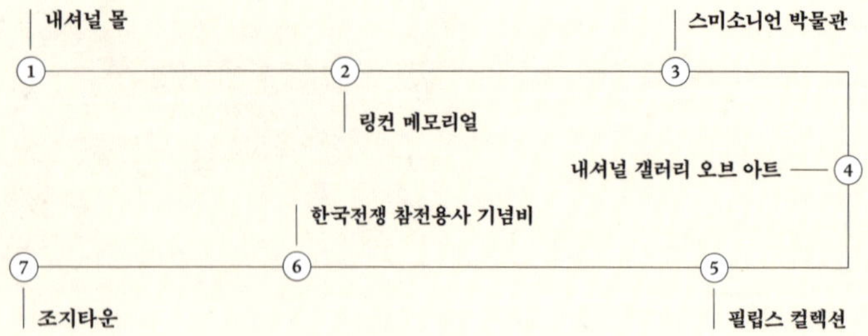

지윤　　솔직히 말해서 20년 전에 워싱턴 D.C.에 처음 방문했을 때는 '지루하다'는 인상이 강했어요. 관료적이고 반듯한 빌딩들, 마치 도시 전체가 행정을 위해 존재하는 느낌이었달까요. 고급 레스토랑의 인테리어는 소위 '고인물' 정치인들이 시거를 입에 물고 스테이크를 썰고 있는 영화의 한 장면을 연상시키기도 했어요.

은환　　근데 요즘 워싱턴은 꽤 달라졌다는 얘기를 많이 들어요. 젊은 세대도 늘어났고, 음식 문화도 확 바뀌었다고 하더라고요.

지윤　　맞아요. 지금의 워싱턴은 더 이상 스테이크 하우스만 있는 도시가 아니에요. 다양한 지역 음식을 선보이는 '핫플레이스'가 되었어요. 동네가 새롭게 태어나서 살아 움직이는 느낌이 들더라고요. 이 도시, 다시 볼 필요가 있겠다는 생각을 했어요.

은환　생각해보면 워싱턴은 처음부터 좀 특이한 도시였죠. 사람이 살다 보니 커진 게 아니라, 권력과 상징이 먼저 생기고 사람이 모인 도시니까요. 그래서 더 딱딱하게 느껴졌는지도 모르겠어요. 그런데 그 틀 안에서 새로운 문화가 생기고 있다면, 우리가 알던 '정치의 도시' 말고도 다른 이야기가 시작되겠네요.

우리가 아는 그 워싱턴

워싱턴 D.C.는 뉴욕이나 보스턴 같은 다른 유서 깊은 도시들과는 분위기가 다르다. 구불구불한 골목 대신 시원하게 뻗은 대로, 그리고 신전을 연상시키는 웅장한 기념비적 건물들이 도시의 인상을 만든다. 이 도시의 밑그림을 그린 것은 프랑스계 도시 계획가 피에르 랑팡 Pierre L'Enfant이다. 그가 워싱턴 D.C.의 개발안을 제출한 해는 1791년이다. 1630년대부터 정착이 시작된 보스턴과 비교하면, 워싱턴 D.C.는 '신도시'라 불러도 과언이 아니다.

워싱턴 D.C.는 풀어서 쓰면 Washington, District of Columbia인데, 이 지명 안에 미국 건국 역사를 상징하는 두 사람의 이름이 들어가 있다. 미국 초대 대통령 조지 워싱턴 George Washington과 신대륙을 발견한 크리스토퍼 콜럼버스 Christopher Columbus다. 콜럼비아는 콜럼버스에 라틴어 여성 접미사인 'ia'를 붙여서 표현한 것이다. 아이러니하게도 콜럼버스는 미국 땅을 밟은 적이 없지만, 그의 이름은 신생 국가의 상징으로 남았다.

우리가 학교에서 배우는 미국 역사는 간결한 사건 위주로 기록한다. 1776년 미국이 독립선언을 하고, 1783년 독립을 인정받았다는 정도다. 그런데 진짜 역사는 이보다 훨씬 복잡하고 혼란스러웠다. 왕이 없는 공화국을 세운다며 멋드러지게 독립선언문을 작성했으나 현실은 달랐다. 독립전쟁에 참전한 군인들에게 급여조차 지급하지 못하고 있었던 것이다. 급기야 격분한 군인들이 대륙회의가 열리던 필라델피아 주 의사당을 포위하는 사태까지 벌어졌다. 이들을 설득하기 위해 직접 나선 인물은 뉴욕주 대표였던 알렉산더 해밀턴Alexander Hamilton이었다. 해밀턴이 시간을 벌어준 사이 대표자들은 필라델피아를 빠져나갔고, 이후 이곳저곳을 전전하며 수도를 찾기 시작했다. 뉴저지주의 프린스턴으로 옮기기도 하고, 뉴욕에 머물기도 했으며 다시 필라델피아로 돌아오기도 했다. 하지만 그날의 사건은 대표자들에게 분명한 교훈을 남겼다. 연방정부 역시 자체적인 군사력을 가져야 한다는 것. 두 번째는 특정 주의 영향력에서 벗어나기 위해 어느 주에도 속하지 않는 연방정부만의 수도 구역이 필요하다는 사실이었다. 그렇게 새로운 수도 후보지를 물색하게 되었고, 최종적으로 선택된 곳이 워싱턴 D.C.다.

1790년 미국 의회는 레지던스 법을 통과시켜 미국의 수도를 포토맥 강 인근에 두기로 했다. 이 위치를 최종적으로 고른 인물은 초대 대통령 조지 워싱턴이다. 그렇게 1791년부터 도시 계획울 수립하고 이른바 신도시 건설에 임하게 된다. 이때 이 계획을 진두지휘하도록 워싱턴이 임명한 사람은 놀랍게도 미국인이 아니라 프랑스인 피에르 랑팡이다. 랑팡은 미국 독립전쟁에 참전했던 프랑스 군인으로 당시 총사령관이었던 워싱턴 밑에서 복무하면서 그의 신임을 얻었다. 프랑스 왕립 아카데미에서 도시 계획 교육을 받은 랑팡은 워싱턴과 함께 미국의 이상을 담은 새로운 수도 건설 계획에 몰입했다. 그는 워싱턴 D.C를 통해 절제와 질서라는 정신을 보여주려 했다. 곧게 뻗은 바둑판 모양의 길들에 대각선 도로를 겹쳐 놓는 고전미 가득한 바로크 양식을 도입했는데, 이는 베르사유 궁전의 정원에서 영감을 받은 것이다. 사선과 직선이 교차하는 지점에 만들어진 광장, 그리고 '서클'이라 불리는 원형 교차로를 만든 이유는 세 가지로 추정된다. 첫째는 교통사고를 막기 위해서였다. 방향을 틀 때 시야를 넓게 확보해 마차끼리 충돌

하는 사고를 줄이기 위한 현실적인 선택이었다. 둘째는 미학적인 이유였다. 랑팡은 파리와 베르사유식 도시 계획을 아름답다고 여겼고, 그 고전적인 질서를 신도시에도 구현하고자 했다. 마지막은 상징성이다. 그는 공화국 시민들이 서클에 마련된 광장에서 자유롭게 정치적 의사를 드러내기를 바랐다.

무엇보다 의미심장한 것은 주요 기관들의 위치다. 높은 지대인 젠킨스 힐에 연방 의회 의사당을 세운 것은 새 공화국의 중심에 대의민주주의를 두겠다는 선언이었다. 이곳을 기준으로 워싱턴 D.C.는 동서남북으로 나뉘었고, 지금도 거리 이름에 NW, NE, SW, SE가 붙는 이유다. 의사당 서쪽으로 길게

미국 연방 의회 의사당

뻗은 그랜드 애비뉴는 오늘날의 내셔널 몰이 되었고, 백악관은 의사당에서 북서쪽에 자리 잡았다. 입법부와 행정부의 견제와 균형의 관계를 보여주려 한 것이다. 그런데 랑팡은 이 과업을 끝까지 수행하지 못한다. 도시 계획 총괄 감독으로 임명된 지 1년도 채 되지 않아 해임된다. 지나치게 독단적인 태도에 대한 비판, 미국인도 아닌 프랑스인을 핵심 자리에 앉힌 것에 대한 불만이 겹쳤고, 특히 당시 국무장관 토머스 제퍼슨Thomas Jefferson과의 갈등은 돌이키기 어려운 수준이었다. 이후 워싱턴 D.C. 수도 계획은 별다른 진전을 하지 못한다. 설상가상으로 1812년 전쟁 중에는 영국군이 워싱턴 D.C.를 침공해 연방 의회 의사당과 백악관이 불타는 사건까지 벌어진다. 랑팡이 눈을 감을 때까지도 워싱턴 D.C.는 미완의 도시로 남았다.

워싱턴 D.C.가 비로소 제 모습을 찾아가기 시작한 것은 남북전쟁 이후, 미국이 본격적인 성장 궤도에 오른 뒤의 일이다. 결정적인 전환점은 20세기 초, 미시간 주 상원의원 제임스 맥밀란James MacMillan의 '맥밀란 계획'이었다. 이 계획에는 시카고 세계박람회World Expo를 성공으로 이끈 다니엘 번햄Daniel Burnham, 뉴욕 센트럴 파크 설계자의 아들인 프레데릭 로 옴스테드 주니어Frederick Law Olmsted Jr. 등 당대 최고의 전문가들이 참여했다. 미국의 고도성장과 함께, 오늘날 우리가 보는 미국 수도의 모습이 제 모습을 갖추게 된 셈이다.

워싱턴 모뉴먼트 그리고 링컨

미국이라는 나라의 신화를 가장 잘 느낄 수 있는 곳은 단연 내셔널 몰이다. 랑팡은 원래 이곳을 각국 외교관들의 거처가 모여 있는 파리 시내를 닮은 세련된 거리로 구상했다. 그러나 그의 계획과는 달리, 내셔널 몰은 훨씬 더 웅장하고 정신적이며 역사적 의미가 응축된 공간으로 탄생하게 된다. 내셔널 몰의 곳곳에서는 유럽 대도시의 이미지가 언뜻 스친다. 단순하면서도 압도적인 선형미를 지닌 워싱턴 모뉴먼트는 파리나 로마에서 볼 수 있는 오벨리스크를 연상시킨다. 물론 유럽의 오벨리스크가 이집트에서 옮겨온 유물이라면, 워싱턴 모뉴먼트는 미국이 스스로 만들어낸 상징이다. 초대 대통령 조지 워싱턴의 탄생 100주년을 기념해 세워지기 시작한 창작물이다.

사실 누군가 설명해주지 않으면 이 거대한 탑이 조지 워싱턴을 기리기 위한 기념물이라는 사실을 단번에 알아차리기 어렵다. 1799년 워싱턴 사망 후 독립전쟁의 영웅이자 초대 대통령을 기념하자는 결의를 하지만, 이 계획은 실행으로 이어지지 못하고 표류한다. 당시 다수를 차지하고 있던 토머스 제퍼슨의 민주공화당은 거대한 석조 기념물을 세우는 것은 유럽식 전제 군주나 하는 행태라는 비판적인 시각을 갖고 있었다. 조지 워싱턴이 정치적 반대 정파의 상징이었다는 점도 작용했

사람들이 한가로이 쉬는 내셔널 몰

다. 이후 시민 단체인 '워싱턴 내셔널 모뉴먼트 협회'가 결성되어 모금을 통해 다시 사업이 추진된다. 설계 공모 끝에 당선된 인물은 로버트 밀스Robert Mills였다. 그는 워싱턴 D.C. 재무부 청사, 보스턴 기념 병원 등 여러 공공건물의 건축 책임자였다. 그의 공모안은 오벨리스크 하단 부근에 둥근 열주식 건물을 세우고, 그 안에 워싱턴을 비롯한 독립전쟁 영웅들의 동상을 배치하는 계획이었다. 그러나 예산 문제로 인해 결국 오벨리스크만 짓게 된다. 어느 정도 진행되던 공사는 자금 부족과 남북전쟁 발발로 중단된다. 그렇게 한동안 밑동만 남아 있던 모뉴먼트는 1876년에 이르러서야 다시 공사가 재개되었다. 1880년부터 다시 쌓아 올린 탑은 1884년에 마침내 완공된다. 공백을 두고 건설된 탓에, 워싱턴 모뉴먼트에는 그 흔적이 고스란히 남아 있다. 약 45미터까지의 하부와 상부의 색이 미묘하게 다른데, 채석장과 풍화 정도의 차이 때문이다. 모뉴먼트를 바라볼 때 그 색의 경계를 한 번 찾아보는 것도 흥미로운 경험이다.

내셔널 몰의 끝자락에는 링컨 메모리얼이 자리한다. 내부에 들어서는 순간 자연스럽게 숙연해진다. 링컨이 암살된 직후부터 논의되었던 이 기념관은 자금 문제뿐 아니라 정치적으로도 부담스러운 사업이었다. 노예 해방을 이뤄낸 위대한 대통령이기도 하지만, 남부에서는 여전히 링컨에게 적개심을

워싱턴을 주시하고 있는 링컨 메모리얼

품고 있었기 때문이다. 1914년에야 착공해 약 8년에 걸쳐 완성된 뒤 봉헌되었다. 링컨 메모리얼 내부 벽면에는 게티즈버그 연설과 재선 후 취임 연설 전문이 새겨져 있고, 정면에는 근엄한 표정의 링컨이 멀리 시선을 던지고 있다. 대부분의 영웅 조각상이 서 있거나 말을 타고 있는 모습인 데 반해, 링컨은 앉아 있다. 실내 공간에 조각상을 두려니 입상이나 기마상보다는 좌상이 적절하다는 현실적인 이유도 있었지만, 또 한 가지 목적은 전쟁 영웅의 이미지가 아닌 '통합의 지도자'가 사색하는 모습을 보여 주기 위함이었다.

박물관의 도시

워싱턴의 큰 장점 중 하나는 미술관과 박물관 대부분이 무료라는 점이다. 그것도 규모가 굉장하다. 흔히 스미소니언 박물관이라고 부르는 이 뮤지엄 복합체에는 무려 21개의 미술관과 박물관이 포함되어 있다. 그중에서도 특히 인기 있는 곳은 미국의 우주 산업 역사를 한눈에 볼 수 있는 국립항공우주박물관 그리고 거대한 공룡 화석과 '저주받은 보석'으로 알려진 호프 다이아몬드를 만날 수 있는 국립자연사박물관이다. 하루에 한두 곳만 둘러보기에도 벅찰 만큼, 워싱턴의 박물관들은 양과 밀도 모두 만만치 않다.

워싱턴에 위치한 국립자연사박물관

스미소니언이라는 이름은 1835년 사망한 영국의 과학자이자 광물학자인 제임스 스미슨James Smithson에서 유래했다. 그는 자신의 조카가 자녀 없이 사망할 경우 "전 재산을 미합중국의 지식을 증진하고 널리 보급하는 데 사용하라"는 유언을 남겼다. 얼마나 미국을 사랑했기에 영국인이 미국에 전 재산을 기부했을까 하는 의문부터 들었다. 사실 스미슨은 단 한 번도 미국을 방문한 적이 없다. 한 번도 발을 디디지 않은 나라를 위해 당시 10만 파운드, 현재 가치로는 수억 달러에 달하는 거액을 왜 내놓았을까? 정확한 이유는 알려진 바 없지만, 그의 출생 신분에서 비롯된 차별과 소외감이 영향을 미쳤을 것이라는 추측이 무성하다. 스미슨의 아버지는 초대 노섬벌랜드 공작 휴 퍼시Hugh Percy로 영국에서도 손꼽히는 귀족이었다. 그러나 사생아로 태어난 스미슨은 뛰어난 학식과 명석한 두뇌를 지녔음에도 영국 사회에서 제대로 인정받지 못했다. 그런 이유로 신분과 계급의 차별이 없고 공화국으로 자리매김한 미국에 재산을 기부한 것이 아니었을까 짐작해본다.

내셔널 갤러리 오브 아트

빼놓을 수 없는 또 하나의 박물관은 내셔널 갤러리 오브 아트다. 15만 점에 달하는 소장품을 자랑하는 이곳은 수많은 걸작을 보유하고 있으면서도 뉴욕의 대형 미술관들처럼 붐비지 않아 비교적 차분하게 작품을 감상할 수 있다. 혼자만의 속도로 미술관을 걷고 싶다면 더없이 좋은 장소다. 이곳에서 관람객들이 가장 많이 찾는 작품은 단연 레오나르도 다 빈치 Leonardo da Vinci의 〈지네브라 데 벤치의 초상〉이다. 미국의 공공 미술관에 소장된 유일한 다 빈치의 회화 작품으로, 1474년경 그려진 이 그림은 스물두 살의 다 빈치가 이미 얼마나 뛰어난 기량을 갖추고 있었는지를 보여준다. 피렌체의 귀족 가문 출신인 지네브라는 미소 없는 차가운 표정과 무심한 눈빛을 보이면서도 섬세하게 묘사된 머리카락과 엷은 홍조의 뺨으로 묘한 긴장감을 만들어내며 관객들을 유혹한다.

레오나르도 다 빈치, 〈지네브라 데 벤치의 초상〉,
1474-1478, 나무 패널에 유채

다 빈치의 작품만큼 많은 사람의 발길을 끌지는 않지만, 미술사적으로 반드시 주목해야 할 작품도 있다. 초기 플랑드르 화가 얀 반 에이크Jan van Eyck의 〈수태고지〉가 그것이다. 반 에이크의 여러 작품을 마주할 때면 늘 감탄과 함께 의문이 따라온다. '이게 정말 사람이 그린 그림이 맞을까?' 워싱턴 내셔널 갤러리에 걸린 이 작품 역시 마찬가지다. 가브리엘 대천사의 무지갯빛 날개, 금실로 짠 듯한 망토, 성모 마리아의 푸른 가운에 잡힌 주름을 보고 있노라면, 15세기 이후 인간의 회화 기술이 오히려 퇴보한 것은 아닐까 하는 생각이 들 정도다. 인공지능의 그림 실력이 아무리 빠르게 발전한다해도 과연 얀 반 에이크를 넘어서는 날이 올까?

이곳에는 프랑스 인상파의 걸작들도 다수 소장되어 있다. 그중에서도 특히 눈길을 끄는 작품은 베르트 모리조Berthe Morisot의 〈부엌에서〉와 메리 카사트Mary Cassatt의 〈바닷가에서 노는 아이들〉이다. 모리조는 에두아르 마네의 영향을 받으며 그의 동생과 결혼한 여성 화가로, 카사트는 에드가 드가와 교류하며 프랑스에서 활동한 미국인 여성 화가로 흔히 소개된다. 그러나 이곳에 걸린 작품들을 찬찬히 보고 있으면, 굳이 다른 작가와의 인연을 끌어오지 않아도 이들이 얼마나 뛰어난 작가였는지를 새삼 느낄 수 있다. '전업 화가'라는 호칭조차 여성에게는 인색했던 시대에 여성 화가들은 돈이 있어도

얀 반 에이크, 〈수태고지〉, 1434-1436, 캔버스에 유채

모델을 구하기 어려웠다고 한다. 그래서 그들의 작품에는 가족이나 아이들, 집 안 풍경을 소재로 한 작품들이 많다. 메리 카사트는 미국의 부유한 가정에서 태어나 파리에서 인상파들과 교류하고 전시회도 함께한, 그야말로 '파리의 미국인'이었다. 평생 독신으로 살았던 그녀가 남긴 아이들 그림이나 엄마와 아이를 그린 그림들은 아름답고 섬세하지만 절제된 감정 표현 아래 묘한 긴장감을 느끼게 한다. 내셔널 갤러리에 걸려 있는 〈바닷가에서 노는 아이들〉은 1886년 제8회 인상파 전시회에 출품되어 그녀의 명성을 한층 굳건히 해준 작품이다.

메리 카사트, 〈바닷가에서 노는 아이들〉, 1884, 캔버스에 유채

관객은 모래 장난에 빠져있는 두 어린 소녀들이 무슨 생각을 하는지 알 수 없지만 그 정지된 순간이 주는 색감과 구성의 긴장감을 즐기게 된다.

미국 최초 현대미술관, 필립스 컬렉션

미술 애호가라면 워싱턴 D.C.에서 그냥 지나칠 수 없는 곳이 듀폰 서클 인근의 필립스 컬렉션이다. 1921년 문을 연 이곳은 현대 미술만을 위한 미국 최초의 미술관이라는 기록을 갖고 있다. 뉴욕 현대미술관 MoMA는 이보다 늦은 1929년에 개관했다. 미술관의 창립자는 미국의 부호이자 자선 사업가, 미술 컬렉터였던 던컨 필립스Duncan Phillips다. 철강 부호 집안의 후손이었던 그는 미술에 대한 저서를 낼 만큼 조예가 깊었고, 유럽을 오가며 꾸준히 작품을 수집했다. 그러다가 1917년, 아버지를 비롯한 가족들이 연이어 갑작스러운 죽음을 맞이하자 그들의 뜻을 기리고 슬픔을 견디기 위해 미술관을 열게 된다.

필립스 컬렉션이 자리한 건물은 조지아 양식으로 지어진 아담한 저택이며 원래 필립스 가문이 거주하던 집이었다. 처음에는 2층 일부를 전시장으로 사용했지만, 컬렉션이 늘어나면서 가족들은 인근에 새 집을 짓고 저택 전체를 미술관으로 내놓았다. 뉴욕의 프릭 컬렉션처럼, 아름다운 주택 공간에 걸작들이 무심히 걸려 있는 풍경은 20세기 초 미국 산업 자본의 위상을 다시 떠올리게 한다.

현재 이곳에는 19세기 이후 작품을 중심으로 4,300여 점이 소장되어 있다. 오귀스트 르누아르Auguste Renoir 의 〈뱃놀이 일행의 오찬〉, 에드가 드가Edgar Degas의 〈바 연습 중인 무용수〉 등 인상파 컬렉션도 유명하지만, 필립스 컬렉션의 백미는 마크 로스코Mark Rothko의 대작 네 점이 걸린 이른바 '로스코의 방'이다. 이 공간은 로스코가 선호했던 일상적인 생활 환경과 유사한 전시 구성을 그대로 구현한 곳이다. 작품들은 필립스 컬렉션에서 열린 그룹전을 통해 미술관이 직접 구입했다.

자신의 그림을 통해 관객들이 '슬픔'을 느끼길 원했던 작가와 가족의 죽음을 통해 밀려드는 슬픔을 예술로 '극복'하길 원했던 컬렉터. 지나가는 관람객으로서는 그 자리에서 깊은 슬픔이나 극복의 의지를 갖기 어렵지만, 잠시 몰입해 쉬어가는 것만으로도 이곳을 찾은 보람을 느끼게 된다.

워싱턴과 가슴 아픈 한국의 역사

15 Logan Circle NW. 워싱턴 D.C. 북서쪽에 위치한 로건 서클에 자리한 한 저택의 주소다. 로건 서클은 남북전쟁의 영웅 존 알렉산더 로건John Alexander Logan의 이름을 따서 만들어진 곳으로 이 지역이 지나온 흥망의 시간을 고스란히 품고 있다. 랑팡의 초기 도시 계획에도 포함되어 있던 로건 서클은 19

세기 후반 워싱턴 D.C.에서 가장 세련된 주거지였다. 빅토리아 양식의 저택들이 늘어서 있고, 부유한 상류층이 거주하던 동네였다.

이 주소에 해당하는 집은 미국 해군 장교이자 외교관이었던 세스 펠프스Seth Phelps의 저택이었다. 그는 1877년에 정통 빅토리아풍의 3층 저택을 지었다. 1889년, 조선 공사단은 이 집을 임대해 첫 주미 공사관으로 사용했고 1891년에는 2만 5,000달러를 들여 아예 매입한다. 그렇게 이 저택은 조선, 그리고 대한제국의 첫 주미 공사관이 되었다.

국제 사회에 첫발을 내디딘 조선은 박정양을 초대 공사로

구 대한제국 공사관

임명했다. 온건개화파였던 그는 주권이 국민에게 있는 미국의 민주주의에 깊은 인상을 받았던 듯하다. 나라 형편은 넉넉지 않았고 근대 외교에도 익숙하지 않았지만, 대한제국의 공사단은 숨 가쁘게 돌아가는 국제 정세 속에서 조선과 대한제국의 존재를 알리고 위기를 헤쳐나가려 노력했다. 다만 공사단에 이완용이 포함된 것은 역사의 아이러니처럼 느껴진다.

러일전쟁 이후 1905년 을사늑약으로 대한제국의 외교권이 박탈되면서 공사관 건물 역시 일본의 손에 넘어갔다. 1910년 한일병합 이후 일본은 이 건물을 단돈 5달러에 대한제국으로부터 사들인 뒤, 곧바로 미국인에게 되팔았다. 시간이 흐르며 로건 서클은 흑인 커뮤니티의 중심지로 번성했다가 슬럼화의 길을 걸었다.

1972년 역사 지구로 지정된 로건 서클은 1990년대 재개발을 거치며 오늘날의 고급 타운하우스와 갤러리가 모인 '힙'한 동네로 탈바꿈했다. 이 변화의 과정을 지켜보던 한인 사회는 옛 공사관 건물을 되찾자는 운동을 시작했고, 결국 2012년 한국 정부와 문화유산국민신탁이 이 건물을 매입하게 된다. 원래의 공사관 모습을 최대한 복원하기 위해 전 세계에 흩어진 자료와 언론 보도, 사진을 수집했고 대한제국의 문서와 장부를 뒤져 가구와 커튼까지 재현해냈다. 물론 일부는 상상의 힘을 빌릴 수밖에 없었다.

처음 이곳을 찾았을 때의 인상은 단순히 '아름답다'였다. 우리에게 각별한 역사적 의미가 있을 뿐 아니라, 빅토리아 양식의 건축과 내부 인테리어를 잘 보존했다는 점에서 미국 정부 역시 각별히 아끼는 공간이다. 정성스럽게 복원된 공사관을 천천히 둘러보면 시대극 속에 들어와 있는 듯한 착각이 든다. 그러다 문득, 이 공간이 우리를 서글픈 역사 한가운데로 데려다준다는 사실을 깨닫게 된다. 다가올 역사의 풍랑을 예감하는 것일까. 사진 속 박정양 공사의 눈빛이 유독 시리게 느껴진다.

한국의 아픈 역사를 마주할 수 있는 또 하나의 장소는 한국전쟁 전몰 용사들을 기리는 한국전쟁 참전용사 기념비다. 내셔널 몰 끝자락, 링컨 메모리얼 근처에 자리하고 있다. 정전 42주년인 1995년 7월 27일에 공식 헌정된 이 기념비는 한국전쟁에 참전한 유엔군을 추모하기 위해 세워졌다. 특히 2002년 새롭게 화강암으로 만든 추모의 벽에는 전사한 미군 약 3만 6,000명과 카투사 한국군 약 7,000명의 이름과 계급이 새겨져 있다.

한국전쟁은 흔히 '잊혀진 전쟁'이라 불렸다. 선악이 분명하고 영웅이 탄생했던 제2차 세계대전과 달리, 한국전쟁은 무엇을 위해 싸워야 하는지조차 불분명한 전쟁이었다. 세계대전이 끝난 지 불과 5년 만에, 군인들은 극동의 이름조차 낯선

땅으로 목숨을 걸고 떠나야 했다. 무엇보다 이 전쟁은 완전한 승리로 끝나지 않았다. 돌아온 용사들에 대한 대접 역시 5년 전의 환대와는 비교할 수 없었다. 의미를 두고 싶지도, 오래 기억하고 싶지도 않은 전쟁으로 남은 것이다.

가끔 한국을 찾은 푸른 눈의 한국전쟁 참전용사들의 모습을 다룬 다큐멘터리나 뉴스를 보게 된다. 도로 포장조차 제대로 되어 있지 않았고 세계에서 가장 가난했던 서울이 초현대 도시로 변모한 걸 바라보며 그들은 종종 눈물을 흘린다. 이들이 눈물을 훔치는 이유는 자신과 전우들의 희생이 헛되지 않았음을 눈으로 확인했기 때문일 것이다. 자유는 그렇게, 지킬 만한 가치가 있는 것이었다.

워싱턴 D.C.는 미국 정치와 세계 정세가 거칠게 맞물려 돌아가는 도시다. 그럼에도 이곳은 과거 전쟁 용사와 그들의 희생을 잊지 않는다. 도시 곳곳에 자리한 동상과 기념관, 기념비들이 이를 증명한다. 강대국은 국가와 공동체를 위해 희생한 이들을 기억한다. 그리고 그 기억을 살아 있는 이들에게 보여줌으로써 국가란 희생할 가치가 있는 존재임을 끊임없이 각인시킨다. 워싱턴 D.C. 한편에 자리한 우리의 서글픈 역사를 되짚은 뒤에는 자연스레 이런 질문이 남는다. 우리는 지금 무엇을 기억하며 살고 있을까.

대통령 부부의 청혼 식당

워싱턴의 매력이 계획 도시의 장중함이나 다양한 컬렉션을 즐길 수 있는 박물관에만 있는 것은 아니다. 워싱턴 D.C.는 세계 주요 정치 도시 중 하나인 만큼 외교 인력과 국제 기구 종사자들이 많이 모여 사는 곳이고, 그만큼 각국의 요리를 만날 수 있는 식당도 많다. 저녁 무렵 듀폰 서클의 노천 식당에 앉아 있으면 음식만큼이나 다양한 언어가 자연스럽게 귀에 들어온다. 이 일대에는 훌륭한 지중해식 식당들도 많은데, 병아리콩과 올리브가 몸에 좋다는 이야기에 공감하는 젊은 전문직 사람들로 늘 붐빈다.

우리가 흔히 떠올리는 '워싱턴 정가'의 로비스트들이 이런 지중해식 식당에도 오겠지만, 그들의 전형적인 이미지와 가장 잘 어울리는 공간은 아무래도 유서 깊은 스테이크 하우스일 것이다. 언뜻 드라마 속 장면 같은 옆 테이블의 풍경을 슬쩍 엿보고 싶다면, 포시즌즈 호텔의 스테이크 하우스가 제격이다. 파워 수트를 입은 사람들이 속삭이듯, 때로는 과시하듯 대화를 나누는 장면을 볼 수 있다. 물론 이곳의 스테이크와 시저 샐러드도 일품이다.

만약 조지타운 부근에서 로맨틱한 레스토랑을 찾는다면 마틴스 태번이 있다. 존 F. 케네디가 훗날 영부인이 되는 재클린에게 청혼한 장소로 알려진 곳이다. 조금 더 가볍고 현대적인 분위기에서 워싱턴 정가의 인물들을 보고 싶다면 파크 하얏트의 블루 덕 태번도 좋은 선택이다. 조지타운과 포기 보텀 인근에 자리한 이곳에는 비교적 젊지만, 무언가 비밀의 거래를 할 것 같은 사람들이 모여든다. 힐러리 클린턴도 한때 단골이라고 이름이 났던 곳이다.

지윤 on

워싱턴 D.C.에서 비교적 여유 있는 일정을 보낸다면, 조지타운에서 브런치를 즐기는 코스도 충분히 넣을 만하다. 레드브릭 타운하우스와 빅토리아 양식의 주택이 늘어선 조지타운은 식민지 시대부터 정치·경제·문화의 중심지였던 유서 깊은 부촌 동네다. 어디를 보나 여유가 느껴지는 전문직 종사자나 외교관, 정치인을 마주치게 된다. 여기에 조지타운대학교 학생들이 어우러져 동네가 지나치게 점잖아지지 않도록 적당히 균형을 잡아준다. 자존심은 강하지만 어딘가 발랄한 이곳의 분위기를 느끼며 산책을 하고 나면 슬슬 당이 떨어지는 순간이 온다. 그럴 땐 베이크&와이어드 카페에 들러 컵케이크나 쿠키를 골라 커피 한 잔과 함께 해도 좋다.

조지타운대학교 일대에서 산책이나 가벼운 조깅을 해 보는 것도 추천할 만하다. 유서 깊은 대학가답게 내셔널 몰이나 캐피톨 힐과는 또 다른, 고풍스럽고 아기자기한 분위기를 느낄 수 있다.

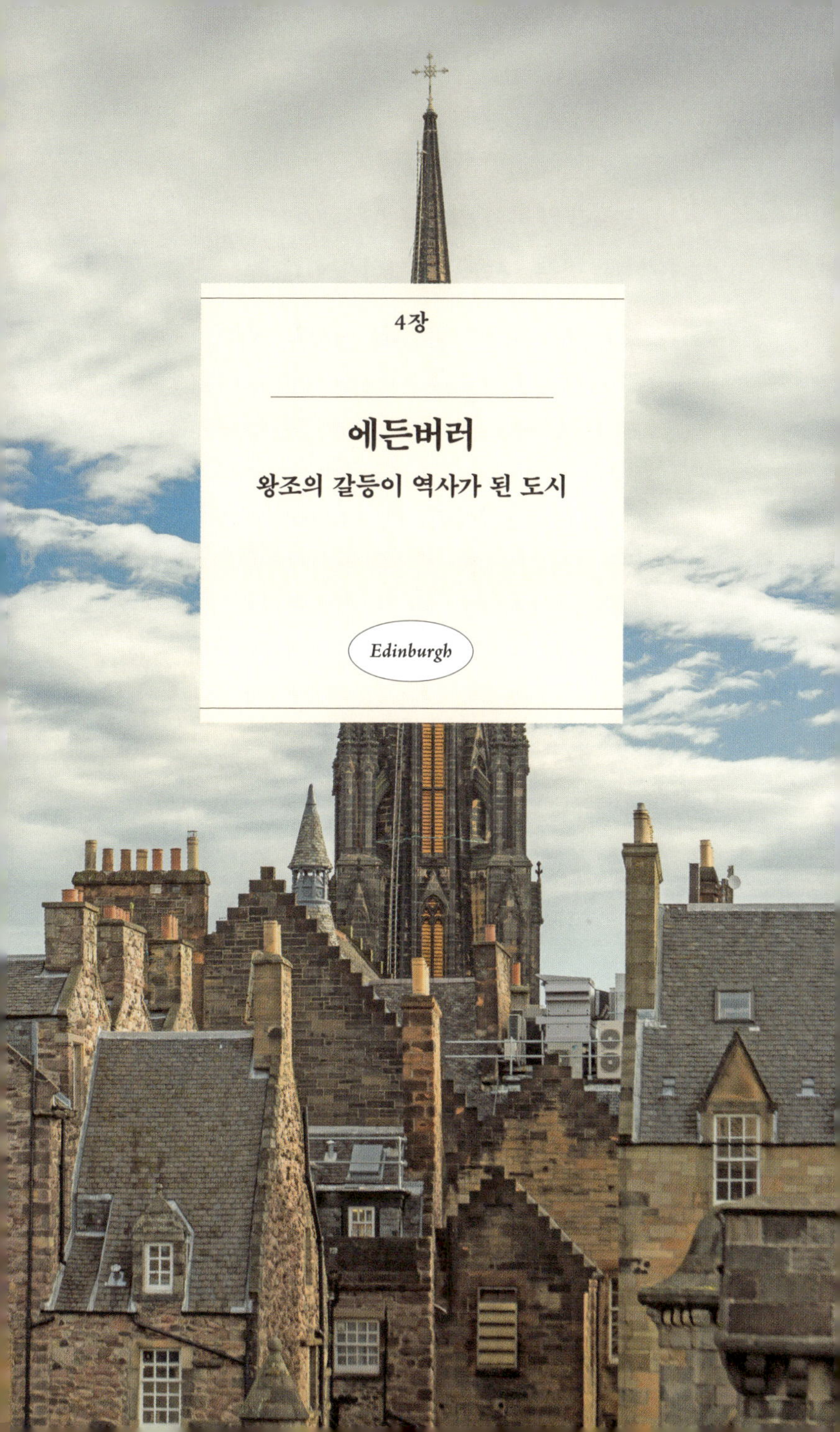

4장
에든버러
왕조의 갈등이 역사가 된 도시
Edinburgh

"두 여왕의 삶을 따라가다 보면
스코틀랜드라는 나라의 성격이 보인다."

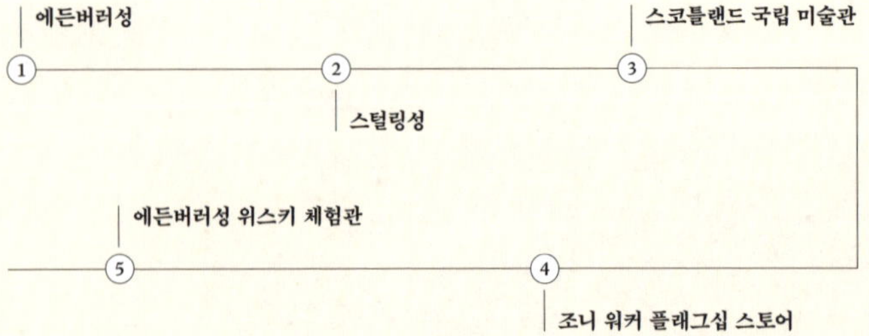

지윤　　스코틀랜드의 역사는 독자적이지 않아서 더 재밌는 것 같아요. 잉글랜드는 물론이고 프랑스, 스페인과도 다 얽혀 있어서 영국사 전체를 더 입체적으로 보게 만들죠. 왕조와 종교, 전쟁이 끊임없이 교차했던 만큼 시대 자체가 아주 다이내믹했고요.

은환　　특히 정말 드라마 같은 삶을 살았던 두 여왕의 이야기를 떠올리며 걸음을 옮기다 보면, 여행이 한 편의 드라마가 되는 듯해요. 엘리자베스 1세Elizabeth I와 메리 스튜어트 Mary Stuart 여왕의 이야기 말이죠.

지윤　　엘리자베스 1세에 비해 메리 스튜어트는 덜 알려졌지만, 사실 그녀의 삶이야말로 스코틀랜드의 운명을 가장 상징적으로 보여주는 것 같아요. 정치와 감정, 종교가 한 인간 안에서 충돌하던 시대였으니까요. 하지만 역사 이야기 외에도 문화적으로 즐길 거리가 정말 많죠?

은환　　맞아요. 국립미술관처럼 기대 이상으로 밀도 높은 문화 공간도 있고, 스코틀랜드 위스키처럼 이 땅의 역사와 기후, 산업이 그대로 녹아든 문화도 있죠. 스코틀랜드는 믿을 수 없을 만큼 너무 많은 이야기를 품은 곳이에요.

***

런던에서 에든버러로

런던에서 에든버러까지의 거리는 약 530킬로미터다. 서울에서 부산까지가 430킬로미터인 걸 생각하면 제법 먼 거리다. 빨리 가는 기차를 타도 거의 너댓 시간이 걸린다. 해리 포터가 호그와트행 기차를 탔던 런던의 킹스크로스역에는 '9와 4분의 3승강장'을 기념한 표지판과 조형물이 설치되어 있다. 관광객들이 줄을 서서 인증 사진을 찍는 인스타그램 명소를 지나쳐 승강장으로 간다. 기차 안에서는 스코틀랜드 여행 가이드를 넘기며 무엇을 먹고 어디를 갈지 생각해본다. 시내 중심에 자리한 에든버러성을 비롯해, 금방이라도 유령이 나타날 것 같은 스코틀랜드의 성들. 스코틀랜드 르네상스 시절의 작품을 만날 수 있는 미술관. 세인트 앤드루스의 올드 코스. 위스키의 성지인 만큼 위스키 시음도 빼놓을 수 없고, 네스호의 괴물은 못 보더라도 그림 같은 풍경만으로 마음을 사로잡는 호수들을 봐야 한다. 그리고 런던보다 더 맛있다는 스코틀랜드 피시 앤드 칩스도 먹어야 한다.

거리가 워낙 멀다 보니, 런던에서 낮에 출발해도 에든버러에 도착하면 이미 어둑해져 있다. 해가 빨리 지는 지역이라 더 그렇다. 에든버러역에는 서울이나 런던에서 흔히 볼 수 있는 네온사인이나 화려한 디스플레이도 거의 없다. 1561년 8월, 프랑스에서 남편 프랑수아 2세François II를 잃고 스코틀랜드로 돌아온 메리 여왕이 풍요로운 프랑스와 달리 가난하고 척박한 고국의 풍경에 놀랐다는 기록이 남아 있는데, 그때의 심정이 이런 것이었을까 싶다.

기차역을 나서면 멀리 산 위의 에든버러성이 어렴풋이 모습을 드러낸다. 성을 방문하려면 입장권을 미리 예매해두는 편이 좋다. 당일에 구하려다 이미 매진인 경우도 있기 때문이다. 휴화산이 남긴 현무암 위에 세워진 이 성은 수많은 상처를 견뎌낸 아버지처럼 도시 전체를 내려다보고 있다. 요새이자 궁정이었고, 군사 수비대의 거점이기도 했던 장소다. 영국의 제임스 1세James I of England이자 스코틀랜드의 제임스 6세James VI of Scotland가 마녀사냥에 집착해 무고한 사람들을 처형했던 이야기부터, 그의 어머니 메리 여왕이 남편 헨리 스튜어트Henry Stuart(단리 경)와 신하들의 위협을 피해 이곳에서 아들을 낳았

스산한 날씨와 어울리는 에든버러성

다는 이야기까지, 에든버러성을 둘러싼 사연은 수없이 많다. 성 입구에는 윌리엄 월리스William Wallace와 로버트 1세Robert I of Scotland의 조각상이 위풍당당하게 서 있다. 마치 에든버러와 스코틀랜드를 지키는 수호신처럼 말이다.

하나이기엔 너무 다른 스코틀랜드

스코틀랜드 역사를 제대로 알기 전까지 이곳은 왠지 '억울한' 지역처럼 느껴졌다. 전쟁만 하면 잉글랜드에 밀렸고, 메리 스튜어트와 엘리자베스 1세의 대비 속에서 후자가 압도적 승자인데다 결국 잉글랜드에 합병된 나라라는 인상이 강했기 때문이다. 하지만 실제의 스코틀랜드는 전혀 다른 얼굴을 가진, 한때는 꽤 잘나가던 국가였다. 그럼에도 하나의 섬 안에서 월경하기 쉬운 국경선을 사이에 두고 두 왕조가 편안히 공존하기란 쉽지 않았다. 심심찮게 전쟁을 반복하던 두 국가였고, 결정적인 순간마다 잉글랜드에는 '비르투', 즉 정치적 역량과 결단력 그리고 '포르투나'라고 불리는 시대의 운이 함께했다.

1296년, 위압적인 체구에서 비롯된 롱생크스Longshanks(긴 다리)라는 별명을 가진 영국의 에드워드 1세Edward I of England는 스코틀랜드를 직접 지배하겠다는 야심으로 침공에 나섰다. 이때의 전쟁이 바로 영화 〈브레이브 하트〉의 배경이다. 영화 속 주인공 윌리엄 월리스와 로버트 더 브루스는 용맹한 전투를 치른다. 1314년, 스코틀랜드의 왕이 된 로버트 1세, 즉 로버트 더 브루스는 잉글랜드군을 이끌던 에드워드 2세Edward II of England를 배넉번 전투에서 격파하며 결정적인 승리를 거둔다.

에드워드 2세는 스코틀랜드를 강하게 압박했던 부친 에드워드 1세에 비해 정치적·군사적 역량이 떨어지는 군주였다. 1328년, 스코틀랜드는 에든버러 조약을 통해 공식적인 독립을 인정받는다. 그러나 두 나라의 악연은 거기서 끝나지 않는다. 지금도 많은 사람을 매혹시키는 정치와 치정, 전쟁이 얽힌 이야기는 점점 더 극적으로 전개된다. 섬나라에서는 영토 싸움이 끊이지 않았고, 스코틀랜드와 프랑스는 잉글랜드를 견제하기 위해 공고한 동맹을 맺고 있었다. 묘한 긴장과 화합이 공존했던 시기다. 여섯 명의 아내를 두고 그중 두 명을 참수한 헨리 8세Henry VIII 역시 호시탐탐 스코틀랜드를 노렸다. 그 와중에 헨리 8세의 집안 자체가 스코틀랜드 왕가와 연이 있기도 했다. 그의 누이는 스코틀랜드에 시집을 가서 아들을 낳았는데 그가 제임스 5세James V다. 제임스 5세는 프랑스의 대귀족 기즈 가문의 딸인 마리 드 기즈Marie de Guise를 부인으로 맞았고, 두 사람 사이에서 태어난 인물이 바로 메리 스튜어트 여왕이다.

제임스 5세는 마리 드 기즈와 결혼할 때 스털링성을 손보았다. 유럽 최고의 궁정인 프랑스 궁정 문화에 익숙했던 신부 마리를 위한 다정다감한 선물이었다. 그래서인지 성의 구석구석에는 제임스 5세의 애정과 배려가 담겨 있다. 완벽하진 않지만, 프랑스를 흉내 내려는 노력이 곳곳에 보인다.

스털링성도 당시 많은 성들이 그러하듯 높은 언덕 위에 있다. 올라오는 침입자로부터 보호하기 위해서다. 인근에서 벌어진 스털링 브리지 전투는 〈브레이브 하트〉에서 멜 깁슨이 연기한 월리스가 잉글랜드군을 통쾌하게 물리친 장면으로 널리 알려져 있다. 관광객으로 북적거리는 에든버러성에 비해

스털링성과 성 안에서 내려다본 올드타운

약간 스산한 느낌도 없지 않지만, 아기자기한 매력이 느껴지는 성이다. 성의 한구석에서 언제라도 제임스 5세와 마리 드 기즈 왕비가 나타날 것 같다.

이처럼 두 나라가 치열하게 맞섰던 역사 속에서도 메리 스튜어트 여왕과 잉글랜드의 엘리자베스 1세의 라이벌전은 여러 드라마와 영화로 제작됐을 만큼 단연 백미로 꼽힌다. 두 여왕 사이의 라이벌전은 유럽사에 대해 관심이 있다면 많이들 알고 있겠지만, 둘은 태생부터 차이가 컸다. 메리 스튜어트는 태어나면서부터 여왕이었고, 엘리자베스 1세는 목숨이 위태로운 순간을 몇 번이나 넘겨야 했다. 엘리자베스 1세는 자기 자신을 지키면서 성장했고, 메리 스튜어트는 누군가가 지켜주는 삶을 살았다. 한마디로 성골과 자수성가의 차이였다. 그러나 고귀한 출생의 메리 스튜어트는 1587년, 결국 라이벌 엘리자베스 1세에 의해 참수형을 당한다.

당시 엘리자베스 1세가 메리 스튜어트를 처형한 것은 대단히 충격적인 결정이었다고 한다. 군주는 군주를 처형하지 않는다는 암묵적인 룰을 깨뜨린 사건이었기 때문이다. 절대왕정이 싹트던 이 시기에는 '왕은 하늘이 내린다'는 왕권신수설을 강한 왕권의 바탕으로 삼았다. 그렇기에 하늘이 내린 왕을 인간 왕이 처형하는 것은 자기 모순이다. 그럼에도 엘리자베스 1세가 그런 결정을 내릴 수밖에 없었던 것은 메리 스튜어트

메리 스튜어트 여왕 초상화, 16세기

엘리자베스 1세 초상화, 16세기

라는 존재가 그녀에게 얼마나 위협적이었는가를 반증하는 것
이기도 하다. 결국 메리 스튜어트의 아들 제임스 6세가 엘리
자베스 사후 후계자로 지명되어 잉글랜드의 왕이 된다. 이후
1707년, 잉글랜드와 스코틀랜드는 연합법을 통해 하나의 국
가, 그레이트브리튼으로 병합된다. 오랜 적대 관계에도 불구
하고 스코틀랜드가 이 결정을 받아들인 데에는 여러 이유가
있겠지만 가장 큰 이유는 결국 '돈'이었다.

대항해시대 말기, 식민지 탐험에 나섰던 스코틀랜드는 신
항로 개척과 무역 패권을 잡기 위해 다리엔 지협The Darién Gap
에 깊은 관심을 두게 되었다. 파나마와 콜롬비아가 만나는 지
점에 위치한 이 지역은 대서양과 태평양을 잇는 무역 요충지인
데, 밀림과 늪으로 뒤덮인 위험한 곳이다. 원주민 군대가 출몰
하고 열병이 창궐하는 이곳을 개발해서 식민지 교두보로 삼
으려 했던 대담한 계획은 실패로 돌아가고, 결국 빚에 허덕이
던 스코틀랜드는 잉글랜드와의 합병을 선택했다. 그런 식으
로 합병이 되었으니, 영국 내에서 무시와 차별이 있을 수밖에
없었다. 하지만 스코틀랜드는 엄청난 저력과 인재가 배출된
곳이다. 경제학의 'ㄱ'은 몰라도 이름은 들어봤을 '보이지 않
는 손'의 애덤 스미스Adam Smith, 증기기관을 개발해 산업혁명
을 이끈 제임스 와트James Watt, 《아이반호》의 저자이자 역사
소설의 거장 월터 스콧Walter Scott 모두 스코틀랜드가 배출한

인물들이다. 백과사전의 대명사《브리태니커 대백과사전》역시 스코틀랜드의 콜린 매크퍼커Colin Macfarquhar와 앤드루 벨Andrew Bell이 출판했다. 스코틀랜드의 계몽운동이 빅토리아 시대 문화를 주도했다고도 할 수 있을 정도로 이 지역은 뛰어난 지적·과학적 전통과 문화적 유산을 가진 곳이다.

의외의 발견, 스코틀랜드 국립 미술관

날씨가 궂을 때 여행자를 반가이 맞아주는 곳으로 미술관만 한 곳이 있을까. 옛 에든버러의 모습이 고스란히 남아 있는 로열 마일을 내려오다가 프린스 스트리트 쪽으로 가면 스코틀랜드 국립미술관이 모습을 드러낸다. 스코틀랜드를 방문한 이들은 이미 영국에서 대영박물관이나 내셔널 갤러리, 테이트 미술관 같은 세계적인 미술관에 다녀왔을 것이다. 그래서 이곳에 대한 기대를 크게 품지 않은 채 발걸음을 옮기게 되지만 문을 들어서는 순간, 그 생각이 얼마나 섣부른 판단이었는지를 깨닫게 된다.

1859년에 설립된 이 미술관은 어느덧 160년이 넘는 역사를 지니고 있다. 전시장에는 티치아노 베첼리오Tiziano Vecellio, 페테르 파울 루벤스Peter Paul Rubens, 디에고 벨라스케스Diego Velázquez, 렘브란트 하르먼손 판 레인Rembrandt Harmenszoon van Rijn 같은 유럽 고전 거장들인 올드 마스터스의 작품들이 무

심히 걸려 있다. 이 작품들이 에딘버러에 있었구나 하는 깨
달음과 놀라움이 끊임없이 밀려든다. 하지만 이 미술관의 진
짜 백미는 스코틀랜드 작가들의 작품이다. 그중에서도 가장
대중적으로 사랑받는 그림 하나는 헨리 래번경Henry Raeburn
의 〈스케이트 타는 로버트 워커 목사〉다. 흔히 '스케이트 타
는 목사님'이라 불리는 이 작품에는 위엄 있어야 할 목사가 호
수 위에서 경쾌하게 스케이트를 타는 모습이 담겨 있다. 근엄
함과 자유로움이 공존하는 순간은 보기만 해도 기분이 환해
진다. 이 작품은 스코틀랜드에서 가장 사랑받는 그림으로 꼽

헨리 래번경, 〈스케이트 타는 로버트 워커 목사〉
1790, 캔버스에 유채

히며, 미술관 곳곳에서 이를 활용한 기념품을 쉽게 만나볼 수 있다.

전시장의 가장 안쪽에는 이 미술관의 상징이자 스코틀랜드를 상징하는 붉은 사슴 그림 〈고원의 왕족The Monarch of the Glen〉이 걸려 있다. 빅토리아 여왕Queen Victoria의 총애를 받았던 화가 에드윈 랜드시어 경Edwin Landseer의 1851년 작품이다. 그는 빅토리아 여왕의 초상화를 그렸을 뿐 아니라 여왕과 그의 남편인 앨버트 공Prince Albert에게 그림을 가르치기도 했을 만큼 당대에 명성을 누린 화가였다. 그의 작품들은 영국 가정 곳곳에 복제되어 걸려 있었다. 그러나 이렇게 인기와 성공을 누렸던 랜드시어는 30대 후반부터 신경쇠약으로 힘겨운 시간

에드윈 헨리 랜드시어, 〈고원의 왕족〉, 1851, 캔버스에 유채

을 보내게 된다. 그래서일까, 사슴의 눈을 마주하고 있으면 묘하게 처연한 감정이 든다.

스코틀랜드 고지대인 하이랜드를 배경으로 도도히 서 있는 사슴의 모습을 보면 거센 역사 속에서도 자신들의 나라를 지켜온 스코틀랜드인들의 긍지가 느껴진다. 주류 브랜드들이 이와 비슷한 이미지를 사용하기도 해서 이 그림 앞에 서면 자연스럽게 위스키 한잔이 떠오르는 사람도 많을 것이다. 그중에서도 유명한 글렌피딕Glenfiddich은 '사슴의 계곡'이라는 뜻을 지닌, 이름부터 낭만적인 위스키다. 많은 위스키 이름에 '계곡'을 뜻하는 글렌이 붙은 것은 과거 세관을 피해 깊은 계곡에 숨어 술을 빚어야 했던 고단한 역사와, 그곳의 맑고 깨끗한 물에 대한 자부심을 함께 품고 있다. 이외에도 스코틀랜드 민속의상인 킬트를 입은 이들의 초상화도 있다. 역사적 풍파를 겪으면서도 자신들의 정체성을 잃지 않으려 했던 이들의 태도를 엿볼 수 있어서 좋다. 비가 잦은 날에는 미술관으로 향하는 걸 추천한다. 그림을 보고 난 후에 따뜻한 차와 스콘 한 조각으로 몸을 녹인다면, 거칠고 투박해보였던 에든버러가 한결 부드럽고 '스위트'하게 다가올 것이다.

위스키의 성지

국립미술관을 나서서 큰길을 따라 조금만 걸으면 조니 워

방문객들의 맛보기가 가능한 위스키 진열장

커가 운영하는 플래그십 스토어에 닿는다. 이곳에서는 다양한 위스키를 시음할 수 있고, 조니워커의 상징인 '성큼성큼 걷는 남자The Striding Man' 그림이 그려진 기념품도 살 수 있다. 조니 워커는 1820년에 설립되었으니 이 나라의 여느 미술관보다 역사가 오래되었다. 그렇다, 스코틀랜드는 위스키의 나라다.

위스키의 어원은 스코틀랜드 게일어 이쉬케 바하uisge Beatha에서 유래한다. '생명의 물'이라는 뜻으로 이후 발음이 바뀌어 위스키가 되었다. 스코틀랜드의 특산품이자 자부심 그 자체인 스카치 위스키는 철저하게 관리되고 있다. 스카치 위스키 규범의 구분에 따르면 위스키는 보통 다섯 가지로 구분된다. 밀, 옥수수, 귀리 등 잡곡물로 만든 것을 그레인 위스키라고 하고, 보리를 싹 틔워 건조시킨 후 당분을 함유한 맥아, 즉 몰트가 들어가 있는 위스키를 몰트 위스키라고 한다. 단일 증류소에서 100퍼센트 몰트로만 만든 위스키가 싱글몰트 위스키고, 여러 증류소의 위스키를 혼합해 만든 것을 블렌디드 위스키라 한다. 몰트 위스키만 섞으면 블렌디드 몰트 위스키, 몰트 위스키와 그레인 위스키를 섞으면 블렌디드 위스키가 되는 등 매우 엄격한 기준이 있다. 제품의 세계적인 위상을 높이기 위한 방편이다.

스코틀랜드에서는 대략 15세기부터 위스키를 만들어왔다. 술이 인류 역사와 함께 발전해온 것처럼 위스키 또한 오랜 전통을 가졌다. 특히 1707년 잉글랜드와 유니온법으로 합병된 이후 위스키는 단순한 술을 넘어 스코틀랜드의 상징이 되었다. 합병 후 중요한 문제가 하나 발생했는데, 바로 세금 문제였다. 합병 전 스코틀랜드의 세금은 잉글랜드보다 낮았고 주류에 대한 규제도 느슨했다. 반면 당시 잉글랜드는 생필품을 비롯해 온갖 것에 세금을 매기고 있었다. 집의 창문 수에 따라 세금을 매기는 그 유명한 '창문세'가 있던 시기이기도 하다.

같은 스코틀랜드이더라도, 잉글랜드와 가까운 남부 평야

지대의 로우랜드와 멀리 떨어진 북부 산악 지대에 살던 하이랜드 주민들의 경제 시스템은 사뭇 달랐다. 하이랜더들은 당시까지도 물물교환을 하는 경제 시스템에 더 익숙했고 세금에 대한 이해가 부족했다. 그러나 합병 후 잉글랜드는 늘상 하던 대로 온갖 곳에서 세금을 걷으려 했다. 그러다 스코틀랜드의 역린을 건드리는데, 그것이 위스키였다. 위스키를 만드는 데 필요한 몰트에 세금을 매긴 것이다. 안 그래도 켈트 문화와 부족 전통, 복장과 언어 등 모든 것을 잃게 된다는 두려움이 있던 이들에게 위스키에 세금을 매긴다는 것은 영혼을 파멸시키는 계략처럼 느껴졌을 것이다. 특히 소형 증류기를 사용해 긴 시간을 들여 전통적인 방식으로 위스키를 만들어오던 하이랜드 위스키 업자들은 이미 우수한 품질의 위스키를 생산하고 있었다. 그런데 정부는 소형 단식 증류기 사용을 금지했고, 집에서 위스키를 증류하는 것을 원천적으로 막아버렸다. 사면초가에 처한 하이랜드 위스키 업자들은 어떻게 이 난관을 헤쳐나갔을까? 답은 하나, 밀주다.

밀주를 단속하러 나온 세관원들과의 쫓고 쫓기는 싸움 속에서 잉글랜드를 향한 저항심과 분노는 커져갔다. 위스키를 마시고 몰래 생산하는 것 자체가 1707년의 병합에 대한 작은 저항 행위라고 할 수 있을 정도였다. 거의 100년 넘게 밀주가 성행하면서 업자들은 하이랜드 깊은 곳으로 숨어들었고, 위스키 품질은 더욱 좋아졌다. 세관원들에게 들키지 않기 위해 밤마다 몰래 술을 만들었고, 몰래 술을 만들다 보니 주변에서 쉽게 구할 수 있는 것을 써야 했다. 그렇게 해서 사용된 것이 이탄이다. 이탄은 습지에서 오랜 세월 쌓인 식물이 압축된 것으로, 스코틀랜드 고지대에서는 연료로 쓰이던 자원이다. 이탄에 불을 붙이면 특유의 흙내와 연기 향이 나는데, 이것이 스카치 위스키 특유의 훈제향을 만들어냈다. 단속반이 들이닥칠까봐 스페인의 셰리 와인을 담았던 통에 술을 넣어 깊숙한 곳에 숨겨두었던 방식이 오늘날에는 위스키에 향을 더해주는 요소가 되었다.

본래 위스키 대국은 아일랜드였다. 19세기만 해도 전 세계 위스키의 70% 정도가 아일랜드산이었다. 그러다가 스코틀랜드가 연속 증류기를 활용해 대량생산에 성공했고, 단식 증류기를 사용하던 아일랜드는 대중화 경쟁에서 뒤처지게 된다. 게다가 아일랜드가 독립전쟁을 치르면서 영국은 괘씸죄로 아일랜드산 위스키에 수입 제한 조치를 취한다. 결국 얌전히 영국 울타리 안에 있던 스코틀랜드 위스키가 상대적으로 혜택을 받게 된 것이다. 지금이야 위상이 많이 떨어졌지만, 당시만 해도 대영제국이 전 세계 무역 네트워크를 꽉 잡고 있었기 때문에 스코틀랜드 위스키는 물량을 대느라 정신없었을 것이다. 물론 미국의 금주법으로 인해 어려움이 있었지만, 제2차 세계대전을 거치면서 스코틀랜드의 위스키는 전장에서 연합국 전우들을 위로하며 세계로 뻗어나갔다. 그리고 이제는 스코틀랜드의 상징을 넘어 자부심으로 자리 잡았다.

스코틀랜드 관광 코스에는 위스키 애호가들을 위한 위스키 양조장 투어가 꽤 있다. 아무래도 본격적인 양조장 투어를 하려면 에든버러를 벗어나야 하기에 시간이 촉박한 여행자에게는 한계가 있다. 하지만 멀리 갈 수 없는 이들을 위해 에든버러 내에도 위스키에 대한 역사와 제조 공정, 그리고 빼놓을 수 없는 시음까지 가능한 위스키 체험관이 있다. 스코틀랜드 자연에서 나오는 위스키의 위대함을 온전히 체험할 순 없지만, 충분히 흥미로운 경험이 될 수 있다. 미성년 자녀와 함께 간다 해도 걱정할 필요 없다. 시음 시간에 아이들에게는 맛있는 주스가 제공된다.

은환 on

에든버러는 지윤의 강력한 추천으로 다녀오게 된 곳이다. 이른 여름 휴가지를 두고 독일의 드레스덴과 오스트리아의 비엔나 사이에서 고민하던 중, 지윤이 열의에 차서 들려준 스코틀랜드의 풍광과 유구한 역사 이야기에 마음이 기울었다. 그렇게 2024년 여름의 목적지는 스코틀랜드로 정해졌다. 여행을 앞두고 여느 때처럼 가이드북을 한두 권 사서 훑어보려 했지만, 뜻밖에도 스코틀랜드 관련 책은 많지 않았다. 인기가 높아지고 있다는 말에 비해 대중적인 여행지는 아닌 걸까 싶었다.

대략 가고 싶은 곳 몇 군데만 정해두고, 현지에서 알아보자는 다소 게으르고 무모한 계획으로 길을 나섰다. 한때는 종교와 권력을 두고 피를 흘리던 땅이었지만, 지금의 에든버러 거리는 관광객들로 가득했다. 고풍스러운 건물과 아기자기한 가게들이 이어져서 동화 속 마을을 보는 듯했다. 대부분 기념품점이 많지만 스코틀랜드의 특산물인 해리스 트위드 직물을 사용한 의류나 액세서리를 파는 가게도 보였다. 비를 피해 가게와 펍 안에 모여든 사람들을 바라보며 문득 생각했다. '500년 전에도 스코틀랜드의 날씨는 이랬을까? 햇살 가득한 프랑스를 떠나 이 우중충한 궁정으로 돌아왔을 메리 여왕은 어떤 마음이었을까?' 그녀의 잘못된 선택마저, 혹시 이 날씨 탓은 아니었을까 하는 공상에 잠겨본다.

저녁이 되어 로열 마일을 벗어나 허름한 펍에 들어갔다. 스코틀랜드식 순대인 해기스를 먹으려다 피시 앤 칩스를 주문했다. 고소한 생선살에 바삭한 튀김 옷이 따끈하게 입안에서 부서졌다. 비를 맞고 종일 돌아다닌 탓인지 유난히 맛있었다. 역시 기대 없이 시킨 메뉴가 만족스러울 때가 여행의 가장 큰 기쁨일 것이다.

지윤 on

에든버러 일정을 잡은 목적은 하나였다. 로크 로몽드에 가겠다는 결심이었다. 엘리자베스 1세 여왕이 후사 없이 죽고 난 뒤 왕위에 오른 것은 스코틀랜드 메리 여왕의 아들인 제임스 1세였다. 잉글랜드 왕위에 스코틀랜드 출신의 스튜어트 왕조가 시작된 것이다. 그러나 스튜어트 왕조는 곧 종교 문제를 둘러싸고 의회와 심각한 갈등을 빚게 된다. 가톨릭 신자였던 제임스 2세James II of England의 통치는 개신교 국가로 굳어가던 잉글랜드 사회에 큰 불안을 안겼다. 제임스 2세 재위 당시 명예혁명이 일어나고 그의 딸인 메리 공주Mary II of England가 남편인 네덜란드의 윌리엄 공William III of England과 함께 영국으로 돌아와 왕위에 오르게 된다. 부부는 후사 없이 사망하게 되고 동생인 앤 공주Anne of Great Britain 역시 자식을 남기지 못한 채 사망한다. 그리고 추대된 것이 조지 1세eorge

I of Great Britain라는 하노버 선제후였는데, 사실 조지 1세는 왕위 계승 서열로 보면 매우 뒤에 있었다. 쫓겨난 제임스 2세에게는 아들과 손자가 엄연히 있었기 때문이다.

스코틀랜드의 스튜어트 왕가를 복원시켜야 한다는 반란을 자코바이트 반란이라고 한다. 프랑스에 망명해 있던 제임스 2세의 손자인 찰스 왕자가 스코틀랜드로 돌아와서 용맹스러운 하이랜더들을 결집하지만 결국 1746년 컬로든 전투를 마지막으로 처절하게 대패하고 만다. 이 시기를 배경으로 해서 흥행한 넷플릭스 드라마가 〈아웃랜더〉다.

스코틀랜드 민요 중에 컬로든 전투를 배경으로 한 구슬픈 노래가 있다. 전해지는 이야기로는, 하이랜더 병사들을 생포한 잉글랜드군은 두 명의 전우에게 잔인한 게임을 제안한다. 둘 중 한 명은 살려줄 테니 누가 죽고 누가 살아남을지를 결정하라는 것이었다. 자신의 목숨을 버리고 친구를 고향으로 돌려보내는 하이랜더가 부르는 노래의 제목이 〈로크 로몬드〉다.

네가 고향으로 가는 오르막길을 오를 때쯤 나는
죽음으로 가는 내리막길을 가고 있겠지.

나의 영혼은 너보다 먼저 스코틀랜드에 가 있을 거야.

하지만 나는 사랑하는 그녀를 다시 만날 수 없겠지.

저 아름다운 로몽드 호숫가에서.

어디서 들어봤을 법한 멜로디에 가슴을 미어지게 하는
가사까지, 마치 우리나라의 아리랑을 떠오르게 한다.
홀린 듯이 결심했던 것 같다. 언젠가 로크 로몽드에 가
리라. 에든버러에서 세 시간 정도 달려서 가야 하는 곳
인 로크 로몽드는 아름다웠다. 거칠고 웅장하고 서글픈
스코틀랜드의 역사를 안고 고요히 숨쉬고 있었다.

5장

암스테르담
자유로운 창의성이 펼쳐졌던 도시

Amsterdam

“운하가 예쁜 도시를 넘어
왜 이 작은 나라가 불세출의 화가들을
낳았는지 알게 된다.”

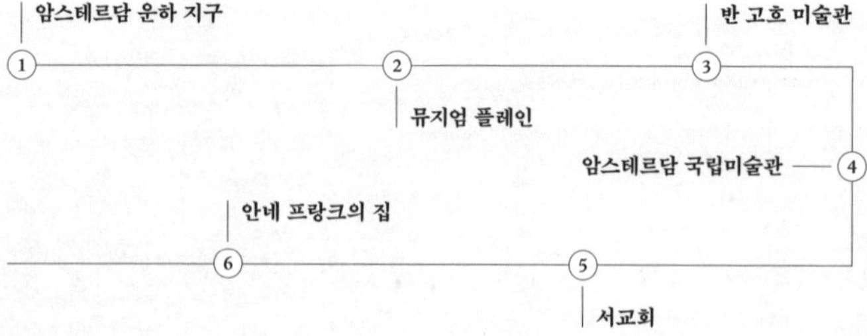

은환　지윤 님은 네덜란드 하면 뭐가 가장 먼저 떠오르나요? 저는 최근 암스테르담에 몇 번 더 다녀왔는데, 대부분 전시 관람을 목적으로 한 여행이었어요.

지윤　저는 처음 네덜란드를 봤을 때 "아, 예쁘다"라는 말이 먼저 나왔어요. 운하도 그렇고 도시 전체가 아기자기하더라고요. 풍차나 나막신 같은 이미지로만 생각하다가, 풍경 자체가 이렇게 정갈하고 예쁠 줄은 몰랐어요. 무엇보다 시민들이 영어를 정말 잘해서 놀랐고요.

은환　맞아요. 저는 이번에 가보면서 새삼 느꼈는데 네덜란드는 정말 어마어마한 화가들을 배출한 나라잖아요. 반 고흐보다 렘브란트를 '국민 화가'로 여긴다는 이야기를 듣고 어떻게 우열을 가릴까 싶으면서도 묘하게 수긍하게 되었어요.

지윤　네덜란드 하면 튤립이나 풍차만 떠올리기 쉽죠. 하지만 이야기를 조금만 파고들면 예술과 역사, 대항해 시대까지 줄줄이 이어지잖아요. 암스테르담 미술관 이야기로 시작했는데, 어느새 나라 전체의 이야기가 펼쳐지는 느낌이죠. 정말 할 말이 많은 도시예요.

군중 속의 자유

"내가 여기에서 평생을 보낸다 해도 그 누구도 나를
알아보지 못할 것 같네. 매일 군중 속을 자유로이
산책하고 있다네… 세계 그 어느 나라에서 이만큼의
완전한 자유를 찾을 수 있을까?"

—1631년 5월 5일, 장 루이 게즈 드 발작Jean-Louis Guez de Balzac에게

17세기 암스테르담을 거닐던 르네라는 인물이 프랑스에 있는 친구에게 보낸 편지의 한 구절이다. 고향 프랑스를 3년 전에 떠난 르네는 네덜란드에 거주 중이었다. 유럽 전역에서 종교재판이 한창 진행되던 시기에 공개적인 과학·철학 연구는 쉽지 않았다. 갈릴레오 갈릴레이Galileo Galilei의 종교재판에 충격을 받은 르네는 결국 네덜란드에 거주하기로 결심한다. 프

랑스에 비해 관대한 네덜란드의 사회 분위기와 출판 환경은 더없이 매력적이었다. 이 편지의 주인공은 바로 그 유명한 철학자 르네 데카르트Rene Descartes다.

암스테르담을 두고 흔히 '자유의 도시'라 부른다. 데카르트가 사랑했던 암스테르담은 철학과 과학, 예술 활동이 자유롭게 이루어지던 곳이었다. 일찌감치 도시 주민들에게 주어진 운하 통행료 면제 특권은 상업과 무역을 발전시켰고, 소위 말하는 '네덜란드 황금기'를 가능하게 했다. 암스테르담은 또한 유럽 각지에서 종교 박해를 피해 도망친 이들의 피난처이기도 했다. 그래서일까. 아직도 암스테르담에는 개방적이고 느슨한 공기가 흘러다닌다.

걸어서 보러 가는 화가들

암스테르담은 걷기 좋은 도시다. 암스테르담의 면적은 219 제곱킬로미터로 서울의 3분의 1에 지나지 않고, 인구는 93만 명 수준이다. 오버투어리즘으로 인해 관광객이 몰린다고 해도 서울의 과밀함을 떠올리기는 어렵다. 적당한 북적임과 함께 암스테르담을 걷기 좋게 만드는 것은 거미줄처럼 퍼져 있는 운하다.

암스테르담 시내를 관통하는 운하에는 헤렌그라흐트, 카이저스그라흐트, 프린센그라흐트가 있는데 모두 17세기 초반에 지어졌다. 자주 침수되던 농지를 사들여 운하를 파고 그 옆에 주택이나 창고로 사용할 건물들을 건축한 것이다. 당시 정부가 주택을 고층으로 지으라고 독려하여 고전적인 가옥인 '캐널 하우스' 대부분이 5층 이상으로 지어졌다. 구도심 지역을 구석구석 통과하는 운하 덕분에 암스테르담은 스웨덴 스톡홀름과 함께 '북구의 베니스'로 불리기도 한다. 물론 암스테르담의 운하는 곤돌라가 다니는 낭만적인 베니스 운하와는 다르다. 대신 널찍한 유람선과 운하 옆길을 경쾌하게 달리는 자전거들이 어우러져 훨씬 생산적이고 활기찬 인상이다.

네덜란드 하면 풍차와 튤립, 치즈 같은 이미지가 먼저 떠오르지만 그보다 더 강렬한 인상은 이 나라가 낳은 불세출의 화가들이다. 렘브란트 하르먼손 판 레인Rembrandt Harmenszoon van Rijn, 요하네스 페르메이르Johannes Vermeer, 프란스 할스Frans Hals, 빈센트 반 고흐Vincent van Gogh, 피트 몬드리안Piet Mondrian이 대표적이다. 이들이 남긴 걸작을 보기 위해 암스테르담에는 전 세계 사람들이 모여든다. 슬슬 걸어서 네덜란드 화가들을 만나러 가기로 한다. 암스테르담 중앙역에 내려 휴대전화 지도 앱에 반 고흐 미술관을 입력하면 도보로 40분 남짓이 나온다. 날씨가 좋다면 운하를 따라 이어지는 거리와 아기자기한 가게들을 구경하며 산책하기에 이만한 곳도 없다. 바람이 차거나 비가 부슬부슬 내리는 날에는 중간에 아늑한 카페

암스테르담 운하

운하 근처에 세워져 있는 자전거

에 들러 네덜란드의 인기 디저트이자 전통 음식인 더치 팬케이크에 커피 한 잔을 곁들여도 좋겠다.

'파넨쿡켄'이라 불리는 더치 팬케이크는 큰 접시를 다 덮을 정도로 크고 얇게 부쳐져 나온다. 달콤하거나 짭짤하게 즐길 수 있어 누구에게나 인기다. 사실 이 더치 팬케이크의 역사는 중세까지 거슬러 올라간다. 14세기 초 네덜란드의 조리 기록에는 이미 팬케이크와 비슷한 음식이 등장하며, 17세기에 네덜란드인들이 오늘날 우리가 떠올리는 '현대적인 팬케이크'의 형태를 완성했다고 한다. 더 올라가면 12세기 무렵 중국과 네팔 지역에서 유래한 메밀 기반의 팬케이크가 십자군 전쟁을 거치며 유럽으로 전해졌고, 그 레시피가 네덜란드에서 발전해 지금의 파넨쿡켄으로 자리 잡았다는 이야기도 있다. 정확한 기원을 단정할 수는 없지만, 운하를 오가던 상인들과 항구 도시의 생활 방식 속에서 이 음식이 자연스럽게 다듬어졌다는 점만은 분명해보인다. 팬케이크를 먹으며 휴식한 뒤에는 다시 걸음을 옮기고 싶은 여유가 생긴다.

운하를 끼고 네덜란드 전통 양식의 좁고 길쭉한 건물들이 다닥다닥 이어진 동화 같은 길을 걸으며 자연스레 이런 질문을 품게 된다. '암스테르담은 언제부터 이런 풍경을 갖게 되었을까?' 지금의 암스테르담이 본격적으로 형성된 시기는 네덜란드가 최고의 번영을 누리던 17세기, 이른바 황금시대다. 대영제국과 아르마다 함대의 스페인, 루이 14세의 절대왕정 프랑스, 합스부르크의 오스트리아에 비하면 네덜란드는 작고 소박한 나라로만 기억될지 모른다. 그러나 유럽 역사 속의 네덜란드는 작지만 단단했고, 분명한 힘을 지닌 나라다.

네덜란드의 탄생

오늘날 네덜란드는 원래 '저지대 국가'라 불렸던 광범위한 지역의 일부였다. 강 하구의 해수면보다 낮은 지형이었던 이곳에는 현재의 네덜란드, 벨기에, 룩셈부르크가 포함된 넓은 땅이 속해 있었다. 15세기, 브루고뉴 공국에 의해 통합된 저지대 국가들은 프랑스 왕가와 경쟁할 정도로 강하고 부유한 곳이었다. 그런데 이 계란 노른자 같은 땅이 합스부르크 가문의 손에 넘어가게 된다. 역사상 가장 성공한 혼인 동맹을 통해서다.

1477년, 부르고뉴 공국의 마지막 공작이었던 부르고뉴 공작 샤를Charles the Bold이 전사하면서 그의 유일한 상속녀인 부르고뉴의 마리Marie de Bourgogne 공주가 영지를 물려받는다. 부르고뉴 공국이 혼란에 빠진 틈을 놓치지 않고 프랑스의 루이 11세Louis XI는 군대를 동원하기 시작한다. 이에 아직 어렸던 여공작 마리는 강력한 군사적 보호가 필요했고, 그 선택이 바로 신성 로마 제국 황제 가문인 합스부르크 가문의 막시밀리안 1세Maximilian I와의 결혼이었다. 당시 합스부르크의 막시밀리안은 가진 것이라곤 '합스부르크'라는 성과 잘생긴 얼굴뿐인, 말 그대로 허우대만 멀쩡한 남자였다. 그럼에도 신성 로마 제국 황제 가문이 지닌 막강한 권위와 이름값은 제아무리 프랑스의 루이 11세라 해도 함부로 할 수 없는 것이었다. 그 결혼은 마리에게 든든한 방패막이가 되어주었다. 두 사람 사이에서는 필립 1세Philip I of Castile가 태어났다. 잘생긴 아버지의 유전자를 아들이 그대로 물려받았는지, 필립은 유럽 왕실 최고의 미남으로 꼽히며 '미남공 필립'이라는 별칭으로 이름을 날린다.

역시 그 시대에도 잘생긴 왕족은 귀했던 모양이다. 필립은 당대 최고의 강대국이었던 스페인의 황녀 후아나Juana of Castile와 결혼하게 된다. 단순한 공주가 아니라, 장차 스페인 왕국을 물려받을 여인이었다. 그리고 이 두 사람 사이에서 태어난 인물이 바로 카를 5세Charles V다. 미남인 아버지로부터는 합스부르크 가문의 중부 유럽 영지와 부르고뉴 공국의 저지대 국가를, 어머니로부터는 스페인 왕국과 광대한 아메리카 식민지를 물려받은 카를 5세는 그야말로 강력한 왕권을 휘두르게 된다. 그러나 이 즈음은 유럽 전역에서 이미 종교개혁의 바람이 거세게 불기 시작한 시기이기도 했다. 1517년 마르틴 루터Martin Luther는 비텐베르크 성교회 문에 95개조 반박문을 내걸

〈필립 1세의 초상〉, 1478~1506, 캔버스에 유채

었고, 1516년 스페인 왕위를 물려받은 카를 5세는 3년 후 신성로마제국 황제에 오르게 된다. 시기적으로도 얄궂은 상황이었다. 독실한 가톨릭 신자였던 카를 5세는 종교개혁과 개신교의 등장을 받아들일 수 없었다.

사실 카를 5세는 저지대 지역인 겐트에서 태어났다. 지금은 벨기에의 도시다. 그는 저지대 국가들에 대한 애정이 깊었고, 이 지역의 자치권을 존중하기는 했지만 여전히 중앙집권적 통제는 버리지 않았다. 문제는 그의 아들인 스페인의 펠리페 2세Philip II of Spain였다. 열렬한 가톨릭 신자였던 그는 종교재판을 강화해 수많은 개신교도를 이단으로 몰아 처형했다. 아버지와 달리 저지대 지역에 애착이 강하지 않았기 때문에 더더욱 관용이 없었고, 네덜란드를 비롯한 다른 저지대 국가들도 많은 박해를 받았다. 타협을 허용하지 않는 펠리페 2세의 종교 원칙은 결국 이들이 독립 전쟁을 치르도록 몰아갔다.

1568년부터 1648년까지 무려 약 80년에 걸쳐 스페인 제국에 대항해 독립 전쟁을 치른 끝에, 마침내 네덜란드는 독립된 공화국으로 인정받는다. 이른바 '80년 전쟁'이다. 이 전쟁은 네덜란드의 주권과 이익을 수호하기 위한 투쟁이었을 뿐 아니라, 가톨릭에 맞서 종교적 자유를 지키려는 개신교 세력의 싸움이기도 했다. 전쟁에서 승리를 거둔 네덜란드는 종교적 관용과 부에 대한 열망, 그리고 나라에 대한 자부심을 바탕으로 유럽의 강국들 사이에서 당당히 황금시대를 열어가게 된다.

미술관은 단연 암스테르담

암스테르담에 올 때마다 빠지지 않고 방문하는 곳은 미술관이다. 정말 편하게도 암스테르담에는 대형 미술관들이 한 곳에 모여 있다. 바로 뮤지엄 플레인이라 불리는 미술관 광장이다. 이곳에는 반 고흐 미술관, 암스테르담 국립미술관, 스테델릭 미술관, MOCA 등이 자리하고 있고, 로열 콘서트 헤보우의 본거지인 콘서트홀도 있어 미술과 음악을 동시에 즐기기에 최적의 장소다. 세계 어느 도시를 가보아도 다양한 예술

반 고흐 미술관

을 이렇게 편리하게 향유할 수 있는 곳은 드물다. 예술의 향유에서조차 네덜란드인 특유의 효율성이 드러나는 것만 같다.

뮤지엄 플레인에서 가장 인기 있는 곳은 단연 반 고흐 미술관일 것이다. 반 고흐의 예술 세계를 생전에 지탱한 인물은 그의 동생 테오 반 고흐Theo van Gogh였고, 사후 그의 명성을 드높인 것은 테오의 아내 요하나 반 고흐-봉허Johanna van Gogh-Bonger와 그 아들 빈센트 빌럼 반 고흐Vincent Willem van Gogh였다. 1925년, 요하나가 세상을 떠난 뒤 그녀의 아들 빈센트는 큰아버지의 작품을 관리하고 그 명성을 확장하는 대작업을 이어받는다. 그는 1962년 네덜란드 정부와의 협약 아래 미술관 건립을 추진하기로 하고, 자신의 전 소장품을 반 고흐 재단에 인도했다. 그로부터 10년 후 미술관이 문을 열었다. 반 고흐의 작품들이 경매에서 어떤 가격에 거래되었는지를 떠올려보면 (〈사이프러스가 있는 과수원 풍경〉은 2022년 크리스티 경매에서 1억 1천만 달러가 넘는 가격에 낙찰된 바 있다), 반 고흐 가족이 기울인 이 모든 노력이 얼마나 초인적인 것이었는지 실감하게 된다. 그 덕분에 오늘도 반 고흐 미술관에는 전 세계의 관람객이 몰리고 있다. 빼어난 작품이 워낙 많은 탓에 무엇을 대표작이라 단정하기는 어렵지만 〈해바라기〉, 〈아몬드 꽃〉, 〈까마귀가 있는 밀밭〉 등의 인기 작품들은 사람들을 피해서 보기 위해 까치발을 해야 할 때가 많다.

고풍스러운 암스테르담 국립미술관

반 고흐 미술관에 비하면 국립미술관은 조금 한적하게 느껴진다. 그러나 이곳 역시 인기 작품을 제대로 보려면 개장 시간인 오전 9시에 맞춰 바삐 움직이는 편이 좋다. 가장 먼저 발길이 향하는 곳은 아무래도 요하네스 페르메이르Johannes Vermeer가 남긴 〈우유 따르는 하녀〉와 〈작은 거리〉 앞이다. 페르메이르는 43년이라는 짧은 생을 살았고, 작품 역시 30여 점밖에 남기지 않았다. 그의 대표작으로는 흔히 헤이그의 마우리츠하위스 미술관에 소장된 〈진주 귀걸이를 한 소녀〉를 떠올리지만, 국립미술관에 있는 이 두 작품 역시 빛과 시간을 잡아내는 페르메이르의 마법을 고스란히 보여준다.

〈우유 따르는 하녀〉를 한참 들여다보고 있으면 시간이 멈춘 듯하다. 우유를 따르는 여인의 표정과 몸가짐에서는 어떤 동요도 느껴지지 않는다. 연한 회색빛의 벽과 식탁 위에 놓인 빵까지 모두 조용히 제자리를 지키는 가운데, 그 정적을 깨고 우유가 흐르는 소리만 들려온다. 페르메이르에 대해서는 많은 기록이 남아 있지 않다. 우리가 소설이나 영화로 접해온 〈진주 귀걸이를 한 소녀〉의 이야기는 상당 부분 상상의 산물이다. 페르메이르 자신이 남긴 기록이 거의 없기 때문에 학자들은 그의 가족이 남긴 공증 서류 등을 근거로 삶의 궤적을 추적한다. 분명한 사실은 그가 생전에는 상당한 명망을 누렸으나, 죽을 무렵에는 거의 무일푼에 가까운 처지였다는 점이

요하네스 페르메이르, 〈우유 따르는 하녀〉,
1658~1661, 캔버스에 유채

다. 페르메이르는 43세의 이른 나이에 세상을 떠나며 부인에게 열 명의 아이들과 상당한 빚을 남겼다. 그녀가 남편의 빚을 갚기 위해 재산 내역을 공증받고 그림을 거래한 기록 일부가 남아 있어, 오늘날 연구의 중요한 단서가 되고 있다. 그중에는 밀린 빵값을 갚기 위해 빵집 주인에게 그림을 넘겼다는 서류도 있다. 그렇다면 그 빵집에 걸려 있던 그림은 무엇이었을까. 〈우유 따르는 하녀〉에 생생하게 묘사된 빵 덩어리들을 보고 있으면 빵집 주인의 집에도 빵이 그려진 그림이 걸려 있었을 것이라는 상상을 하게 된다. 자신이 맛있게 구워낸 빵이 페르메이르의 섬세한 붓질로 단면까지 포슬포슬하게 살아난 그림을 보고 있었다면, 그림과 맞바꾼 빵값이 전혀 아깝지 않았을 듯하다.

페르메이르 외에도 프란츠 할스 등 네덜란드 대표 화가들의 작품을 모아둔 방을 지나면 마주하게 되는 작품이 바로 네덜란드 황금시대를 대표하는 걸작, 렘브란트의 〈야경〉이다. 지난번 방문 때는 〈야경〉이 복원 작업 진행 중이라, 유리벽 뒤에서 이루어지는 작업 과정을 임시 구조물에 올라 관람할 수 있었다. 시작한 지 6년이 넘었음에도 복원이 계속되는 모습을 보고 있자니, 이 작품이 지닌 규모와 정밀함에 다시 한번 감탄이 나왔다.

네덜란드의 국민 화가라는 자리를 놓치지 않는 렘브란트

를 이야기할 때 자화상을 빼놓을 수는 없다. 렘브란트는 생전에 무려 80점이 넘는 자화상을 남겼다. 프리다 칼로Frida Kahlo나 반 고흐 역시 많은 자화상을 남겼지만, 작품 수로만 놓고 보면 렘브란트가 1등이다. 그의 자화상은 단순히 올드 마스터의 얼굴을 확인하는 차원을 넘어서는 울림을 준다. 삶의 명과 암이 그대로 녹아 있기 때문이다. 촉망받는 젊은 화가였던 그는 부유한 유복녀 사스키아 반 오일렌뷔르흐Saskia van Uylenburgh와 결혼해 화려한 삶을 살다가 그녀의 죽음 이후 내리막길을 걷는다. 아들 티투스 반 레인Titus van Rijn을 포함해 사랑하는 이들을 차례로 떠나보내고 그는 결국 빈곤 속에서 쓸쓸히 생을 마감했다. 그의 일생을 알고 난 뒤 다시 보는 자화상들은 새로운 울림을 준다.

젊은 시절의 자화상은 오만해보일 정도의 자신감 넘치는 표정과 포즈로 다가온다. 반면 삶이 고난으로 기울기 시작한 뒤의 자화상에는 분노가 서려 있다고 느껴진다. '내가 왜 이런 일을 겪어야 하는 거지? 무엇을 그리 잘못했길래?' 우리 역시 종종 품게 되는 질문이다. 렘브란트 또한 분노에 찬 물음을 신에게 던지고 있다. 그의 마지막 자화상은 묘한 감정을 불러일으킨다. 모든 것을 내려놓은 듯 보이기도 하고, 여전히 원망을 품고 있는 얼굴 같기도 하다. 수많은 풍파 속에서 감정이 마비되어 무덤덤해진 표정처럼 느껴지기도 한다. 런던 내셔널 갤러리에 소장된 그의 마지막 자화상을 물끄러미 바라보다 보면, 렘브란트에게 한마디를 건네고 싶어진다.

'수고했어요.' 어쩌면 나 자신에게 건네고 싶은 말일지도 모른다.

동인도 회사와 증권 거래소의 탄생

미술관 밖으로 나와 길을 걷는다. 서교회를 목표로 다시 걷다 보면 식당과 카페가 많아 요깃거리를 찾기 어렵지 않다. 암스테르담에서 언제 먹어도 실패하지 않는 선택은 인도네시아 음식이다. 볶음밥인 나시고랭, 소고기를 졸인 렌당, 고기 꼬치인 사테이 같은 메뉴들이다. 영국의 런던에서 맛있는 인도 음식을 맛볼 수 있는 것과 같은 이치다. 1595년 항해를 시작한 코르넬리스 데 하우트만Cornelis de Houtman이 이듬해 자바 해안에 도착한 것을 시작으로, 인도네시아는 1945년 8월 17일까지 네덜란드의 지배와 영향력 아래 놓이게 된다. 사실 이 날짜는 인도네시아가 독립을 선언한 날인데, 네덜란드는 식민지에 대한 미련을 쉽게 버리지 못하다가 1949년 12월 27일이 되어서야 독립을 인정했다. 중간에 일본 점령기를 거치기는 했지만, 네덜란드는 무려 약 350년에 걸쳐 인도네시아에 영향력을 행사했다.

국립박물관에서 볼 만한 것 중 하나가 스페인이나 영국과의 해양전, 혹은 네덜란드 상선의 활약을 그린 해양화들이다. 빌렘 반 데 벨데Willem van de Velde the Elder 부자나 코르넬리우스 불Cornelis Vroom 등이 그린 그림들을 보면, 황금시대 당시 선조들을 자랑스러워하는 네덜란드인들의 자부심을 느낄 수 있다. 네덜란드는 17세기에 바다를 주름잡은 해양 강국이었다. 그 중심에는 흔히 VOC라 불리는 네덜란드 동인도 회사Vereenigde Oostindische Compagnie가 있었다. 이 회사는 1602년에 설립되어 동양과의 무역과 식민지 개척의 도구가 되었고 세계 최초로 주식을 발행한 '근대적 의미'의 주식회사라는 기록을 남겼다. 그 시대에 주식회사라니, 쉽지 않은 발상이었을 것이다. 17세기 초 유럽인들에게 아시아와의 향신료 무역은 잘만 되면 '대

국립해양박물관에 위치한 네덜란드 범선

박'을 칠 수 있는 사업이었다. 하지만 오가는 길은 결코 녹록지 않았다. 당시 돛을 단 배를 타고 오가려면 1년을 훌쩍 넘는 시간을 투자해야 했다. 게다가 고요한 지중해가 아니라 험한 원양을 항해하다 보면 풍랑을 만나 몰살당하기도 했고, 해적을 만나 전투를 치러야 할 수도 있었다. 몇몇 부유한 상인이 감수할 수 있는 수준의 사업이 아니었다.

유럽의 다른 국가들에서 진행되는 해상무역은 왕실의 든든한 후원을 받을 수 있었다. 일종의 전략 사업이라고 할 만했다. 그러나 네덜란드는 상황이 달랐다. 왕이 없는 공화국 체제였기에, 배를 타고 나갔다가 실패하더라도 찍소리 못 하게 누를 수 있는 절대 권력은 존재하지 않았다. 그렇지만 네덜란드 상인들이 누구인가. 눈앞의 이익을 쉽게 포기할 사람들이 아니다. 영민함과 창의성으로 무장한 이들은 정부와 머리를 맞대고 기막힌 해법을 찾아낸다. 회사의 소유권을 쪼개 여러 사람에게 파는 방식이었다. 이른바 위험 분산이다. 귀족과 상인, 시민은 물론 하녀로 일하던 이들까지도 소액으로 소유권을 살 수 있었는데 이것이 바로 주식이었다. 티끌 모아 태산이라는 말이 실제로 구현되며 막대한 자본이 모였고, 여기에 적은 액수라도 투자한 사람들은 주주가 되었다. 그렇게 네덜란드 동인도 회사가 탄생한다.

한때 세계에서 가장 큰 매출을 올린 회사라는 기록도 남긴

바 있으나, 실제로는 네덜란드 정부로부터 군사력을 지원받은 공공 기관의 성격을 지닌 집단이기도 했다. 그러나 곧 문제가 드러났다. 항해는 족히 1~2년이 걸리는 여정이었다. 살다 보면 급전이 필요해지는 주주들의 돈이, 언제 돌아올지 모르는 동인도 회사에 묶여버린 것이다. 그러자 사람들은 자신이 가진 주식 소유권을 다른 이들에게 팔기 시작했다. 처음에는 비공식적으로 이루어지던 거래였지만, 점점 규모가 커지자 VOC는 암스테르담에 자사 주식을 공식적으로 사고팔 수 있는 장소를 마련한다. 이로 인해 1602년에 VOC의 주식 거래가 시작되고, 1611년 세계 최초의 현대적인 증권거래소가 탄생했다.

금융 혁신을 이뤄낸 네덜란드는 황금시대를 맞아 한껏 번성했다. 결국 영국에 해양 패권을 넘겨주었지만, 네덜란드의 항해 기술과 상인들의 유연한 대응 능력, 현실 감각은 지금까지도 이어지고 있다. 식민지로 지배했던 인도네시아와의 350년에 걸친 교류가 훌륭한 인도네시아 음식을 남겼듯이 말이다. 요즘은 K-POP의 인기를 타고 한식당들도 네덜란드 곳곳에 문을 열고 있다. 치킨과 떡볶이, 한국식 토스트에 소주까지 더해진 메뉴판을 보면 마치 명동이나 신촌 어딘가에 와 있는 듯한 기분이 든다. 암스테르담이 편하게 느껴지는 이유는 이렇게 다양한 음식을 즐길 수 있어서이기도 하지만, 의사소통에 큰 어려움이 없다는 점도 한몫한다. 외세의 잦은 침략 때문인지 선조들의 광활한 해양 진출 덕분인지 네덜란드인들은 영어를 비롯한 외국어에 능하고, 의사소통에도 기민해서 왠지 모르게 친근하다.

제국을 완성시키는 다양성

17세기에 동인도회사가 있었다면 오늘날 네덜란드에는 여러 개의 강소 기업들이 있다. 반도체 장비 회사 ASML, 맥주 회사 하이네켄, 온라인 호텔 예약으로 잘 알려진 부킹닷컴 등의 기업들이다. 인구 1,800만 명 남짓의 작은 나라 네덜란드가 꾸준히 잘사는 이유가 있는 것이다. 우리나라도 그렇지만, 물리적 규모가 작은 국가가 번성할 때 빠지지 않는 요소가 있다. 바로 인적 자원이다. 네덜란드의 경우 그 핵심에는 개방성이 있다. 다양한 배경을 지닌 사람들이 유입되고, 그들이 가진 기술과 자본, 네트워크가 사회 안으로 흡수되며 국가의 저력이 되었다.

1492년은 콜럼버스가 신대륙을 발견한 해이지만, 이베리아 반도에서 거대한 전환이 일어난 해이기도 하다. 스페인과 포르투갈이 자리한 이베리아 반도는 약 800년 동안 북아프리카의 이슬람 무어인 지배를 받아왔다. 북부에 남아 있던 기독교 세력은 점차 세력을 키워 남하했고, 카스티야와 아라곤은 이사벨라 여왕Isabel I de Castilla과 페르난도 왕Ferdinand II of

Aragon의 결혼으로 통합된다. 두 군주의 연합군이 이슬람 세력의 마지막 보루였던 그라나다 왕국을 함락시키며 이른바 레콩키스타, 영토 수복 운동이 마무리된다. 문제는 그 이후였다. 영토를 회복하고 스페인을 통일한 뒤 이사벨라 여왕과 페르난도 왕은 스페인을 기독교 왕국으로 재편하려 했다. 그 결과 1492년 3월 31일에 알함브라 칙령이 내려졌다. 추방 칙령으로도 불리는 이 칙령은 스페인 영토 내 유대인들에게 가톨릭으로 개종하거나, 그렇지 않으면 4개월 안인 7월 31일까지 나라를 떠나라는 명령이었다.

미겔 데 세르반테스Miguel de Cervantes의 소설 《돈키호테》는 주인공이 토요일마다 '두엘로스 이 케브란토스'라는 달걀 요리를 먹는 장면으로 시작한다. '슬픔과 깨어짐'이라는 뜻을 가진 이 요리는 베이컨 같은 염장 돼지고기가 들어간 스크램블 에그와 비슷하다. 소설의 가장 중요한 첫 장면에 왜 돈키호테가 이 요리를 먹는 장면이 나왔을까? 이 장면은 단순한 식사 묘사가 아닌, 스페인 사회에 만연했던 종교적 감시를 상징한다.

스페인 내 유대인 중 가톨릭으로 개종한 유대인을 콘베르소라고 불렀다. 그런데 그들 중에 스페인에서 살아가기 위해 개종한 척만 하고 몰래 유대교 율법을 지키는 '가짜 개종자'가 있다는 의심이 따라붙었다. 이들을 색출하기 위해 토요일에 먹인 것이 앞서 언급한 돼지고기가 들어간 달걀 요리다. 토요일은 유대교의 안식일 '샤밧'이었고 유대교 율법에 따라 이날에는 요리를 하거나 돼지고기를 먹는 것은 금지되어 있었다. 이처럼 스페인의 감시의 눈은 집요했다. 결국 버티다 못한 유대인들은 보다 종교의 자유가 보장된 곳을 찾아 떠나기 시작한다. 처음에는 가까운 포르투갈로 향했다. 그러나 얼마 지나지 않아 스페인 국왕이 포르투갈 국왕까지 겸하게 되면서, 포르투갈 역시 더 이상 안전한 피난처가 되지 못했다. 그렇게 유대인들은 다시 길을 떠났고 그 종착지 가운데 하나가 네덜

〈안식일에 회당 밖에 모인 유대인들〉, 18세기,
독일 바이에른주 퓌르트

란드였다.

신교의 영향이 강했고, 스페인의 종교 박해에서 벗어나고자 했던 네덜란드의 여러 주는 스페인에 맞서기 위해 1579년 위트레흐트 동맹을 결성한다. 이 동맹의 규약에는 각 주가 종교를 스스로 결정할 권리가 있으며, 누구도 신앙을 이유로 박해받거나 조사받아서는 안 된다는 조항이 담겨 있었다. 이 규약은 종교적 자유를 선언했고, 유럽 전역에서 종교의 자유를 갈망하던 이들에게 하나의 안식처가 되었다.

암스테르담에는 스페인과 포르투갈에서 이주해온 세파르디 유대인과 폴란드·독일계 아쉬케나지 유대인이 각각 집단 거주지를 이루며 살았다. 세파르디 유대인의 거주지는 대체로 부유한 지역이었던 반면, 아쉬케나지 유대인의 거주지는 상대적으로 가난한 동네였다. 아쉬케나지 유대인들은 17세기 중반 이후 동유럽에서 이어진 박해를 피해 이주해온 이들이 많았고, 형편 역시 넉넉하지 않았기 때문이다.

국민 화가 렘브란트도 한때 유대인 거주지 한가운데 살았다는 기록이 남아 있다. 당시 그는 세파르디 유대인들이 모여 살던 비교적 부유한 지역에 크고 화려한 저택을 마련했다. 아이러니하게도 그 집을 사기 위해 받은 대출을 갚지 못하고 여러 투자가 줄줄이 실패하면서 그의 몰락이 시작된다. 이런 이야기들을 통해 암스테르담 사람들이 이미 오래전부터 서로

그 유명한 〈안네의 일기〉를 남긴 안네 프랑크의 동상

다른 배경을 지닌 이들과 조화로운 삶을 살아왔을 것이라는 생각을 하게 된다.

그 생각의 끝에서 마주하게 되는 존재가 바로 《안네의 일기》를 남긴 안네 프랑크Anne Frank다. 렘브란트가 묻혀 있다고 전해지는 서교회 앞에는 안네 프랑크의 동상이 서 있다. 독일계 유대인이었던 안네 프랑크는 수용소로 끌려가기 전, 2년 동안 암스테르담에 있던 아버지 회사 사무실 뒤편의 비밀 공간에 숨어 지냈다. 그곳에서 다시 '조화로운 삶'을 회복하는 꿈을 글로 남긴 것이다.

은환 on

여행에서 빼놓을 수 없는 즐거움은 쇼핑이다. 우리나라의 여행자들도 반길 만한 기념품을 소개해보려고 한다. 바로 미피를 활용한 상품들이다. 네덜란드의 작가이자 일러스트레이터 딕 브루너Dick Bruna가 1955년 출간한 그림책에 처음 등장했으니, 벌써 일흔 살에 가까운 토끼다. 출생지는 암스테르담과 가까운 위트레흐트지만, 암스테르담 곳곳에는 미피 캐릭터 숍이 자리하고 있다. 미술관 기념품 코너에서 명작 속 인물로 변신한 미피를 만나면 자연스럽게 지갑을 열게 된다.

암스테르담에서의 여유가 있는 일정인 경우, 하루는 클래식 음악 공연을 하는 콘세르트헤보우에 가서 음악을 들으며 마무리해도 좋겠다. 인기 있는 공연은 표가 빨리 매진되는 편이지만, 오후 늦게 매표 창구를 찾으면 운 좋게 남은 좌석을 구할 수도 있다. 간혹 음료가 포함된 티켓도 있는데, 인터미션에 하이네켄 한 잔을 곁들여 공연을 즐기면 마치 부와 예술을 모두 거머쥐었던 황금시대의 네덜란드인이 된 듯한 기분이 든다. 모든 것이 과하지 않고 그래서 더 만족스러운 곳이 암스테르담이다.

6장

상하이

시대의 욕망과 문화가 교차한 도시

Shanghai

"동양도, 서양도 아닌 그 애매함이
상하이를 계속 궁금하게 만든다."

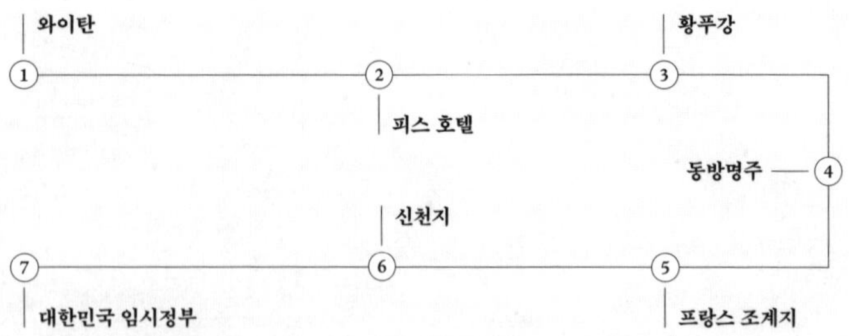

은환　　상하이라고 하면 저는 아직도 〈상하이 트위스트〉가 먼저 떠오르는 게 나이 때문일까요? 그런데 꼭 이 노래가 아니더라도 상하이라는 이름을 앞에 붙인 것들을 심심찮게 보잖아요. 《상하이 폭스트롯》이라는 소설도 있고, 상하이 스파이시 버거도 있고요. 그만큼 상하이라는 도시 이름 자체가 끌어당기는 매력이 있다고 생각해요.

지윤　　제게 있어서 상하이는 가장 섹시한 도시예요. 영화 〈색, 계〉에서 치명적인 사랑을 나눴던 두 주인공의 이미지 때문일 수도 있겠죠. 완전히 동양적이지도 않고, 그렇다고 완전히 서양적이지도 않은, 그 애매모호함이 오히려 상하이만의 분위기를 만드는 것 같아요.

은환　　그러고 보니 그렇네요. 그런데 이상하게도 '상하이'가 붙은 것들의 성격은 전혀 짐작이 안 가요. 상하이 버거는 과연 어떤 맛일까, 매울까 달콤할까 싶고요. 몇 번을 가도 늘 물음표를 안고 돌아오게 되는 도시예요. 그래서 더 궁금해지고, 다시 가보고 싶어지네요.

지윤　맞아요. 상하이에 가면 괜히 치파오를 입고 거리를 걸어야 할 것 같은 또렷한 이미지가 떠오르고, 동시에 경계선에 걸쳐진 흐릿한 이미지도 있다는 점에서 자연스럽게 상상력이 덧붙는 도시같아요. 그게 바로 상하이가 가진 매력이 아닐까요?

근대의 도시 상하이

상하이는 젊은 도시다. 원래 조용한 어촌이었던 이곳은 아편전쟁 이후 1842년 난징 조약에 의해 개항이 결정되면서 본격적으로 성장하기 시작했다. 베이징이 3천 년 이상의 역사를 자랑하고 난징 역시 오吳나라의 수도로 일찍이 터를 닦은 기록이 있는 것에 비해, 상하이의 역사적 배경은 다소 볼품없게 느껴질지도 모른다. 송나라 시기에 서서히 도시의 형태를 갖추기 시작했지만, 19세기 중반까지의 중국 역사에서 상하이가 차지하는 비중은 크지 않았다. 중국이 지금까지도 치욕의 역사로 기억하는 아편전쟁과 그 결과물인 난징 조약은 산업혁명을 통해 성장한 제국주의 서구 열강이 거대한 청나라를 무너뜨린 결정적 사건이었다. 무너져가는 청나라와 달리 상하이는 이 사건을 계기로 자신의 역사를 새로 쓰게 된다. 영국은 별다른 특징이 없는 어촌이었던 상하이를 콕 집어 개항하라고 요구했다. 고기도 먹어 본 사람이 먹는다고 했던가. 대영제국의 깃발을 앞세워 전 세계를 누비던 영국은 상하이가 지닌 잠재력을 단번에 꿰뚫어보았다.

가장 중요한 이유는 지리적 이점이었다. 상하이는 양쯔강이 바다로 흘러드는 입구에 자리하고 있었고, 양쯔강은 중국 내 주요 도시들을 연결하는 거대한 경제 대동맥과도 같은 존재였다. 지도를 펼쳐보는 순간, 이곳이 물류의 중심지가 될 수 있다는 사실이 한눈에 들어왔을 것이다. 또한 강남 지역에서 많이 생산되던 비단과 차를 빠르게 수출할 수 있는 항구 도시로 성장할 가능성도 있었다. 물론 당시 이미 광저우라는 무역항이 존재하기는 했다. 그러나 광저우는 오랜 기간 서구와의 교역 창구 역할을 해온 곳이었기에 그만큼 체계도 갖추어져 있었다. 이 말은 곧 관료 시스템이 견고했다는 뜻이다. 영국의 뜻대로 쥐락펴락하기에 만만치 않은 상대였기에 상하이처럼 행정 체계도, 기존 질서도 거의 자리 잡지 않은 곳에서 신도시를 만들어가는 편이 더 나아 보였을 것이다. 저항은 적고 통제하기는 훨씬 수월했을 테니 말이다. 그렇게 영국의 선택을 받은 순간, 상하이의 운명은 완전히 뒤바뀌기 시작했다.

동양의 파리가 되다

난징 조약 이후 문이 열린 상하이에는 열강들이 각자 조계를 세우기 시작한다. 조계란 19세기 제국주의 시대에 중국이 서양 열강에게 빌려준 도시의 특정 구역을 말한다. 중국의 영토이지만 외국이 실질적으로 지배하던 지역이다. 조계 안에서는 해당 국가의 규정과 법이 적용되었고, 중국의 공권력도 함부로 행사되지 못했다. 그렇게 상하이에는 유럽과 아시아가 공존하는 공간이 만들어졌는데 그 심장이 바로 와이탄이다.

황푸강변을 따라 유럽풍 건물들이 늘어선 와이탄은 각국의 은행과 회사, 호텔, 클럽, 영사관이 모여 있던 곳이다. HSBC 은행이 1860년대에 일찌감치 자리를 잡으면서 외국인들이 몰려들었고, 동서양이 뒤섞인 독특한 분위기가 형성되었다. 신고전주의의 영향을 받아 대리석 기둥이 돋보이는 HSBC 은행 건물부터, 초록색 지붕이 인상적인 아르데코 양식의 페어몬트 피스 호텔까지, 와이탄의 건물들은 상하이 근대사의 얼굴과도 같다. 1920년대에 접어들며 상하이의 커피하우스와 극장에는 사람들이 모여들었다. 밤이 되면 재즈와 샹송이 흘렀고, 곳곳에서 열리던 댄스 파티는 사치와 화려함의 극치를 보여주었다. 그렇게 생각해보면 상하이는 어쩌면

전망대에서 내려다본 황푸강

추억의 도시인지도 모른다. 웃으며 '좋았던 시절'을 이야기나 누기에 상하이라는 도시가 유난히 잘 어울리기 때문이다.

페어몬트 피스 호텔과의 시간 여행

늦은 밤 와이탄을 걸으며 반짝이는 동방명주와 마천루를 바라보고 있으면 감탄을 금치 못한다. 건축물이 저렇게 거대하고 화려할 수가 있구나 싶다. 그러나 와이탄이 더욱 특별하게 느껴지는 이유는, 우리를 1930년대 영화 속으로 데려가는 페어몬트 피스 호텔이 있기 때문이다. 1930년대의 상하이는 파티와 경마, 재즈가 흐르던 도시였고 그 중심에는 빅터 사순

Victor Sassoon의 피스 호텔, 당시의 캐세이 호텔이 있었다. 빅터 사순은 바그다드에서 시작해 인도를 거쳐 상하이로 건너오며 거부가 된 사순 가문의 후계자였다. 조너선 카우프만Jonathan Kaufman이 쓴 《상하이의 유대인 제국》에는 이 가문의 여정이 상세히 그려져 있다. 상하이에 정착한 뒤 부동산 개발에 공격적으로 뛰어든 빅터 사순의 대표작이 바로 캐세이 호텔이었다. 아르데코 양식의 이 호텔은 단숨에 상하이 사교계의 중심지로 떠올랐다. 빅터는 매일 같이 여기서 화려한 파티를 열었고, 찰리 채플린Charlie Chaplin 같은 당대의 스타들이 참석하곤 했다. 그러나 1937년 일본군의 점령과 함께 그 찬란하던 시절은 막을 내린다. 빅터 사순은 상하이를 떠나버렸고, 미국으로 건너간 이후 다시는 중국 땅을 밟지 않았다. 이제 그의 이름을 직접적으로 떠올릴 수 있는 공간은 피스 호텔 한켠에 자리한 바 'Victor'뿐이다. 그곳을 찾은 이들이 빅터 사순이 상하이를 떠나며 품었을 애증의 감정을 헤아릴 수 있을지 모르겠다.

2010년, 약 6,400만 달러를 들인 대대적인 재건축을 통해 가장 화려했던 1930년대 상하이의 분위기를 되살린 피스 호텔은 그 자체로 하나의 유적지다. 매일같이 연회와 사교가 열렸을 피스 홀에 들어서면, 재즈 음악에 맞춰 춤을 춰야 할 것만 같은 충동이 든다. 재스민 라운지에서 애프터눈 티를 즐기며 앉아 있다 보니 90년 전 하릴없이 가십을 나누던 여유로운

화려한 도심 속의 페어몬트 피스 호텔

상류층 여성들의 모습이 자연스레 떠오른다. 물론 상하이의 명물인 재즈 바 역시 빼놓을 수 없다. 피스 호텔의 고풍스러운 벽 장식을 배경으로, 치파오에 올림머리를 한 여성들이 연신 포즈를 취하며 사진을 찍는다. 사진기가 타임머신이라도 되는 걸까. 다소 어색한 표정과 몸짓마저 그들을 1930년대의 파티걸처럼 보이게 만든다. 당시 조계지에 살거나 드나들던 이들은 "상하이는 중국이 아니다"라고 공공연히 말하곤 했다. 물론 일본군의 점령과 이어진 공산 정권 수립 이전에나 가능했던 호기로운 인식이었을 것이다. 와이탄으로 나와 페어몬트 피스 호텔 측면의 골목을 잠시 걸으니 21세기인 지금도 '정말 이곳이 중국일까' 하는 생각이 잠시 스친다.

현대의 상하이, 동방명주

그러나 그런 상념은 오래가지 않는다. 동방명주탑이 바라보이는 대로로 나서기 위해 코너를 도는 순간, 거대한 인파와 소음에 휩쓸려 한가한 잡념은 사라진다. 사람들 틈에 떠밀리면서도 사진을 찍으려는 이들과 그 흐름을 통제하려고 쉼 없이 울려 퍼지는 호루라기 소리에 정신이 아득해진다. 그러다 문득 내가 지금 중국, 그것도 상하이에 와 있다는 자각이 예리하게 밀려든다.

1930년대 상하이의 밤 문화를 기록한 소설가 무스잉穆时英

은 상하이를 "지옥 위에 세워진 천국"이라고 표현했다. 부패와 아편, 열강들의 암투가 악마의 핏줄처럼 얽힌 도시 위에서 펼쳐지던 화려하고 낭만적인 삶을 가리킨 말이었을 것이다. 삑삑 울리는 호루라기 소리가 들리고 사람들에게 떠밀리며 땀 냄새를 맡는 와중에도, 동방명주의 불빛을 바라보며 즐거워하는 사람들이 보인다. 그 모습을 보니 무스잉의 구절은 지금의 상하이에도 충분히 들어맞는다.

2023년 기준 상하이의 인구는 2,400만 명을 넘고, 인근 도시를 포함한 상하이 대도시권의 인구는 약 3,900만 명에 이른다. 와이탄에서는 그 거대한 인파의 흐름에 휩쓸리지 않

상하이 도심이 한눈에 보이는 야경

을 수 없다. 그러다가 동방명주가 정면으로 보이는 자리에서 야경 사진 한 장을 건지게 된다.

와이탄 거리의 피스 호텔은 화려하고 낭만적이던 1930년대 상하이를 상징한다면, 동방명주는 1990년대 황포강 동쪽 푸동 개발의 서막을 알리는 상징이다. 한때 허허벌판이던 푸동 지역을 세계적인 금융 허브로 키우겠다는 중국 정부의 야심 속에서, 동방명주는 1994년에 세워졌다. 방송통신탑을 겸한 이 건물은 밤이 되면 오색찬란한 조명으로 빛나며, 색의 변화로 기상 정보를 전하기도 한다. 개인적으로는 와이탄과 조계의 낭만적인 밤거리가 더 마음에 남지만, 동방명주를 바라볼 때마다 1990년대 초반 시절 희망에 부풀어 상기된 얼굴을 하고 있던 청년 시절의 중국이 떠오른다. 그 에너지가 여전히 이 도시의 심장 깊숙한 곳에서 맥박치고 있는 듯하다.

문화의 중심지, 상하이

상하이가 중국의 수도였던 적은 없다. 그러나 이제는 중국 제1의 경제·문화 중심지다. 중국 최대의 증권거래소가 상하이에 자리하고 있으며, 미술품과 패션 관련 산업 역시 상하이를 중심으로 활발하게 이루어지고 있다. 1930년대의 상하이처럼 외국인들도 다시 이 도시로 몰려들고, 중국에서 사업을 전개하는 다국적 기업들 역시 상하이를 주요 거점으로 삼고 있다.

한때 중국인들이 해외에 나가 싹쓸이 쇼핑을 하던 모습이 화제가 되곤 했다. 이제는 오히려 외국 관광객들이 상하이에 와서 상하이의 브랜드를 찾는 일이 낯설지 않다. 우리나라 연예인들이 즐겨 찾는 브랜드로 알려진 슈슈퉁이나 마크 공의 브랜드 매장을 둘러보면 '중국적인 것'의 흔적은 거의 찾아보기 어렵다. 상하이에 왔으니 한국에서도 큰 인기를 누리는 아트 토이 및 피규어 판매점인 팝마트를 찾아가본다. 거대한 쇼핑몰 안에 자리한 매장에는 팝마트를 성장시킨 비결인 블라인드 박스들이 가득 쌓여 있다. 상자를 열기 전까지 내가 고른 것이 어떤 모양의 피규어인지 알 수 없다. 계산대의 점원은 내가 고른 몇 개의 박스에 같은 인형이 들어 있을 가능성도 있다며, 그 사실을 이해했는지 다시 한번 확인한다. 머리로는 이해했지만 막상 같은 인형이 나오니 실망감이 크다. 그럼에도 불구하고 원하는 인형을 갖고 싶은 욕심이 그 실망감을 이긴다. 이런 인간의 욕망을 겨냥해 돈을 벌다니, 문득 우리 옛말 가운데 '비단 장수 왕서방'이라는 표현이 떠오른다. 예부터 중국인들은 비단 장사 등을 통해 장삿속이 밝고 셈이 빠르다는 인식이 강했다. 그렇다면 이런 나라가 어떻게 자본주의 대신 공산주의를 선택해 지금까지 체제를 유지해올 수 있었을까. 미·중 갈등 속에서 날로 첨예해지는 중국의 소프트 파워, 그리고 14억이 넘는 인구를 떠받쳐야 하는 체제가 앞으로 어떤 균형을 이루며 성장하고 세계로 확장해나갈지 자연스레 궁금해진다.

매력 넘치는 프랑스 조계지

궁금증을 안은 채 프랑스 조계지로 향한다. 목적지는 쑹칭링宋庆龄의 옛집이다. 신해혁명을 이끌어 중국의 국부로 추앙받는 쑨원孙文의 아내이자, 자신 역시 중국의 명예 주석을 지냈던 인물이다. 쑹칭링은 그 유명한 쑹씨 가문의 둘째 딸이다. 막내 여동생 쑹메이링宋美龄은 대만의 총통이었던 장제스蒋介石의 아내가 되었다. 세 자매 가운데 둘이 '국부'로 불리는 인물들의 아내가 되었고, 그들 자신 또한 막강한 정치적 영향력을 지닌 존재였다. 여기에 큰언니 쑹아이링宋霭龄은 장제스 정부에서 재무장관을 지낸 쿵샹시孔祥熙의 아내였으니 이 집안을 '쑹씨 황조'라 부르는 말이 과언만은 아니다.

흥미로운 점은 둘째인 칭링이 언니 아이링과 동생 메이링과는 정반대의 정치적 선택을 하며 중국 공산당의 편에 섰다는 사실이다. 칭링은 집안의 반대를 무릅쓰고 아버지의 친구였던 쑨원과 결혼했고, 남편을 암으로 일찍 떠나보낸 뒤에도 공산당 부주석 자리를 지키며 중국의 정신적 지도자 가운데 한 사람으로 자리했다. 그런 삶의 궤적을 생각하면, 혁명과 희생을 상징하는 인물로서 다른 자매들처럼 호화로운 생활을 꿈

쑹칭링 기념관 외부

꾸기란 쉽지 않았을 것이다. 그럼에도 당시 다른 중국인들에 비해 칭링에게는 많은 것이 허용되었던 것도 사실이다. 특히 상하이에 남아 있는 이 집은 프랑스 조계지에 자리한 덕분에 유럽식의 아기자기한 2층 주택 형태를 갖추고 있다. 저명한 외국 은행가로부터 몰수한 것으로 알려진 이 집은 단정한 건물과 넓은 정원이 조화를 이룬다. 실내에는 그녀가 미혼 시절부터 사용하던 물건들과 해외의 친구들이 보내온 선물들이 놓여 있어 유럽 귀족의 저택을 연상시킨다. 침실에는 부모가 결혼 선물로 주었다는 화려한 침대가 남아 있다. 아버지의 친구였던 쑨원과 결혼했지만, 그의 갑작스러운 죽음으로 부부의 인연은 10년을 채 넘기지 못했다. 쑨원이 생존해 있던 시절에도 그들의 결혼 생활은 평탄하지 않았다. 권력을 둘러싸고 암살이 난무하던 격동의 시대였고, 쑨원을 겨냥한 총격전 와중에 칭링은 아이를 유산해 다시는 임신할 수 없는 몸이 되었다고 전해진다. 그 과정에서 자신을 방패막이처럼 내세웠던 남편에 대한 애정과 신뢰 역시 무너졌다고 한다.

그렇다면 고난의 세월 속에서 그녀를 버티게 한 것은 무엇이었을까. 공산주의에 대한 신념이었을까 아니면 가족의 반대를 무릅쓰고 선택한 남편, 그가 남겨준 하나의 이름 '마담 쑨원'이었을까. 저택 옆에 마련된 자료관에는 그녀의 삶을 담은 사진들이 빼곡하다. 어린 시절의 가족사진부터 미국에서의 학창 시절, 스무 살 남짓한 나이에 남긴 기념비적인 결혼 사진, 그리고 중국의 부주석으로 활동하던 공적인 자리의 모습까지 있다. 젊은 시절의 쑹칭링은 놀랄 만큼 아름답고 우아하다. 장웅張戎의 책 《아이링, 칭링, 메이링》에는 그녀가 쑨원의 부인으로 손님을 맞이할 때 "어딘가 음울하고 늘 사색에 잠긴 듯한 정치 지도자보다 그녀의 존재감과 상냥한 미소, 세련된 말솜씨가 사람들의 기억에 더 오래 남았다"라는 구절이 있다. 쑹씨 자매와 그 가족의 이야기는 워낙 극적이어서 책과 영화로 여러 차례 각색되었다. 장웅의 책 역시 그중 하나인데, 작가의 필력이 뛰어나 여러 번 다시 읽게 되었다. 쑹칭링의 집을 나서며 그녀의 젊은 시절이 담긴 사진 엽서를 몇 장 샀다. 상하이가 아니어도 구할 수 있는 물건이겠지만, 상하이가 아니라면 눈에 들어오지 않았을 기념품이다.

쑹칭링의 집 바로 건너편에는 우캉 맨션이 서 있다. 모서리 땅을 영리하게 활용해 지은 이 건물은 뉴욕의 플랫아이언 빌딩을 떠올리게 한다. 우캉 맨션과 이어진 조계지의 아기자기한 주택가를 걸으며 무스잉의 《상하이 폭스 트롯》을 자연스레 떠올린다. 1930년대 어느 날, 이 거리는 카바레를 향해 가던 사람들로 북적였을 것이다. 중일전쟁과 내전의 소용돌이 속에서, 머리에 꽃을 꽂고 팍스 트롯을 추던 그들은 과연 어떤 삶을 살게 되었을지 궁금해진다.

우캉 맨션

임시정부의 흔적을 찾아서

상하이에서 한국인들은 자연스럽게 한국인의 과거를 찾게 된다. 이곳에 상하이 대한민국 임시정부 유적지가 있기 때문이다. 대한민국 임시정부는 1919년 3·1운동 이후 국내외로 흩어진 독립운동 세력의 구심점으로서, 공화국 설립의 초석을 다지기 위해 같은 해 4월 11일 결성되었다. 초대 국무총리는 이승만이 맡았다. 지금은 임시정부라 하면 자연스럽게 상하이 대한민국 임시정부를 떠올리지만, 당시에는 각지에서 임시정부와 유사한 조직들이 경쟁적으로 결성되었다. 대표적인 사례가 러시아 블라디보스토크에서 조직된 대한국민회의다. 이 밖에도 고려임시정부, 신한민국임시정부 등 여러 조직이 난립했지만 점차 상하이 임시정부를 중심으로 통합이 이루어졌다.

대한민국 임시정부는 1919년 4월 프랑스 조계 내 몽마르트르 거리에서 수립되었다. 프랑스 조계는 중국의 공권력이 미치지 않는 지역이었을 뿐 아니라, 일본 경찰의 감시와 탄압으로부터도 비교적 자유로울 수 있는 공간이었다. 그 덕분에 이곳은 마오쩌둥의 은신처이기도 했다. 대한민국 임시정부가 자리했던 프랑스 조계의 주거 지역은 현재 신천지라 불리는 지역이 되었다. 신천지에는 서양 건축 양식과 중국 전통 가옥 양식이 어우러진 스쿠먼 양식의 주택들이 오래된 영화 속 한 장

대한민국 임시정부유적지의 현판

면처럼 남아 있다. 남쪽으로 내려가면 본격적인 쇼핑 거리가 펼쳐지고 럭셔리 부티크와 레스토랑, 카페들이 즐비하다. 그런 공간 한가운데에 조용하지만 묵직한 존재감으로 임시정부 유적지가 서 있다.

임시정부 유적지를 찾아 수립 당시의 상황을 찬찬히 살펴보면 우리가 우리 자신의 역사에 대해 얼마나 많은 부분을 알지 못하고 있는지 절감하게 된다. 반가운 점은 이곳을 찾는 방문객 가운데 상당수가 한국인이라는 사실이다. 많은 이들이 임시정부의 연혁을 천천히 읽고 서로 이야기를 나눈다. 건물 내부 촬영은 금지되어 있어 많은 것들을 마음에 담아야만 한다. 이승만을 비롯해 박은식, 이상룡, 김구 등 비교적 익숙한 독립운동가들의 모습이 담긴 사진이 먼저 보였다. 인물들에 대한 정보가 모두 기록되어 있지는 않아 아쉽다. 단체 사진 속 형형한 눈빛의 인물들은 어떤 활동을 했고 무엇을 남겼을까 하는 궁금증을 남긴다. 일본의 감시와 탄압을 피해 활동을 이어오던 대한민국 임시정부는 윤봉길 의사의 홍커우 공원 의거 이후 더 이상 상하이에 머물 수 없게 되었다. 결국 임시정부는 상하이를 떠나 항저우와 난징을 거쳐 충칭에 마지막 둥지를 틀게 된다.

상하이의 맛을 만나다

상하이의 가장 유명한 음식은 무엇일까? 물론 가장 첫손에 꼽히는 것은 털게일 것이다. 한국식 꽃게나 대게와는 또 다른 기름지고 고소한 맛이 일품인 음식이다. 상하이 털게 중에서도 양청호 털게는 깨끗한 민물 환경에서 자라기 때문에 흙냄새나 비린내가 없다. 암게는 9월이, 수게는 10월과 11월이 제철이다. 암게의 경우 가을 산란을 앞두고 살과 기름이 가장 올랐을 때가 가장 맛있기로 유명하다. 하지만 주머니와 옷차림이 가벼운 관광객에게 제대로 차려내는 털게 식당들은 다소 부담스럽다. 좀 더 가벼운 마음으로 먹기 좋은 것은 아무래도 만두일 것이다. 탄력 있는 만두피 안에 뜨거운 육즙이 가득한 샤오롱바오가 바로 상하이의 명물이다. 상하이에는 샤오롱바오의 원조를 주장하는 몇 개의 가게가 있다고 들었지만, 익숙한 대만계 프랜차이즈 딘타이펑을 보니 왠지 마음이 푸근해져 들어가보았다. 한국에서보다 한결 더 얇고 육즙이 풍부하다. 같은 브랜드라도 샤오롱바오의 본고장에서 먹는 맛은 왠지 다른 것 같다.

중국에서는 차 문화가 잘 발달되어 있어서 중국 식당의 어딜 가나 커피보다는 차가 나오는 편이다. 하지만 상하이는 다르다. 중국의 커피 중심지라고 불릴 만큼 커피가 일상에 깊숙이 들어와 있다. 통계에 따르면 상하이에는 2022년 기준 약 8,500개가 넘는 카페가 있는데, 중국의 다른 대도시와 비교해도 압도적으로 많은 숫자다. 한때 전 세계에서 가장 큰 스타벅스 매장이 있었던 곳도 상하이다. 1인당 커피 소비량 역시 눈을 의심할 정도다. 중국의 1인당 연간 평균 커피 소비량은 2023년 16잔 정도인 데 반해, 상하이 시민은 이보다 수십배 많이 소비한다고 알려져 있다.

여기에는 상하이의 역사가 숨겨져 있다. 1843년 상하이가 개항하면서 서구 스타일의 커피 살롱이 와이탄과 프랑스 조계 일대에 들어서기 시작했다. 애스터 하우스 호텔과 같은 고급 호텔의 카페에 모인 외교관과 사업가들은 커피를 마시며 교류했다. 호텔 내 커피 살롱이 밖으로 나와 본격적인 카페 문화가 만들어진 것은 그보다 뒤의 일이다. 지금처럼 커피와 디저트를 팔며 사람들이 모이는 공간으로서의 카페 문화는 흥미롭게도 러시아인들이 기여한 바가 크다.

1917년 러시아 볼셰비키 혁명으로 러시아의 귀족과 엘리트, 부유한 상류층 인사들은 부랴부랴 러시아를 떠나 중국으로 향했다. 하얼빈을 거쳐 상하이로 건너온 러시아 난민들은 자신들의 문화를 이곳에서 퍼뜨리며 향수를 달래곤 했다. 하지만 이들은 상류층의 신분은 물론, 모든 것을 잃은 무국적 난민에 불과했다. 러시아에서 화려한 삶을 살았지만 이제는 살아남기 위해 무엇이든 해야 했다. 러시아 제국의 위풍당당한 장군은 호텔 도어맨이 되어야 했고, 귀족 부인은 댄서가 되기도 했다. 그들의 고단한 삶은 영화 〈화이트 카운티스〉에 잘 묘사되어 있다. 제임스 아이보리James Ivory 감독의 이 영화는 제2차 세계대전이 시작되기 전 상하이에서 지낸 두 이방인의 사랑 이야기다. 몰락한 귀족 가문의 며느리이자 백작부인이었던 소피아는 술집에서 택시 댄서로 일하고 있다. 택시 댄서는 20세기 초 댄스홀에서 돈을 받고 남성들의 댄스 파트너가 되어주던 이들을 말한다. 손님이 댄스 티켓을 구입해 마음에 드는 택시 댄서에게 건네면, 티켓을 받은 댄서는 그 손님과 한 곡을 춘다. 티켓을 많이 받을수록 택시 댄서는 더 많은 급여를 받을 수 있었다. 그녀는 사별한 남편의 가족들, 즉 줄줄이 딸린 '시월드'와 아이를 부양해야 했다. 그들은 그녀가 택시 댄서로 일해 벌어온 돈으로 생계를 유지하면서도, 그녀를 부끄러워하는 위선적인 태도를 보인다. 삶에 지쳤지만 책임과 의무로 버티며 살아가던 소피아는 전직 미국 외교관 토드를 만나게 된다. 폭탄 테러로 가족을 잃고 시력까지 잃은 토드는 냉소적인 인물이다. 상처 입은 영혼들이 서로에게 희망과 위로가 되는 이 영화는, 당시의 상하이가 재즈 음악 속 파티를 즐기는 이들만을 위한 곳이 아니었음을 보여준다. 이 도시는 밀려드는 삶의 고단함 속에서도 품격을 잃고 싶지 않았던 이들에게 위안이 되는 곳이기도 했다.

소피아 같은 러시아 난민들의 고난은 거기에서 끝이 아니었다. 1949년 국공내전에서 공산당이 승리하면서 이들은 다시 짐을 싸야 했다. 볼셰비키 혁명을 피해 도망쳐왔더니 중국마저 공산당의 손에 넘어갔기 때문이다. 많은 러시아 난민은 상하이를 떠나 필리핀을 거쳐 미국과 호주 등 지구 반대편으로 향했다. 그러나 그들이 남긴 카페 문화는 여전히 상하이를 향기롭게 하고 있다.

⬭ 은환 on

개인적으로 상하이를 몇 차례 다녀왔지만 털게를 먹었

던 것은 단 한 번뿐이었다. 철이 맞을 때만 먹었던 것으로 기억한다. 운 좋게 들어간 털게 요리 전문점은 마치 무협영화에 나오는 객잔처럼 꾸며져 있었다. 밥을 먹다 보면 젓가락이 날아들고, 그것을 다시 젓가락으로 받아치는 무림 고수들이 등장할 것만 같은 분위기 속에서 먹은 털게는 그야말로 별미였다. 음식의 맛도 좋았지만 상상력을 불러일으키던 그 공간이 오래 기억에 남았다.

사실 상하이에서 먹거리에 대한 걱정은 할 필요가 없다. 선택지는 넘쳐나고, 주문은 태블릿으로 하며 결제는 알리페이나 위챗페이로 순식간에 끝난다. 다만 마라탕이나 훠궈 홍탕의 맛을 제대로 몰랐던 시절, 사진만으로는 그 매운 맛의 강도를 짐작조차 못하여 뒤늦게 눈물을 흘리며 상하이의 맛을 배운 적도 있다. 그렇게 몇 번의 시행착오를 겪고 나서야 이 도시의 음식을 제대로 즐기기 시작한 것 같다.

(지윤 on)

중국으로 출장을 다니며 회의를 하던 시절, 가장 힘들었던 것은 의외로 아침에 제공되는 '차'였다. 원래도 차를 즐겨 마시지 않는데다, 아침에는 무조건 커피를 찾기 때문이다. 회의가 있으면 커피와 간단한 다과가 나올 법도 한데, 중국에서는 어김없이 찻잎이 둥둥 떠 있는 차가 놓여 있었다. 지금처럼 카페를 쉽게 찾을 수 있던 시절도 아니었다. 웬만하면 아침을 커피로 시작할 수 없는 날들이었다. 그렇지만 상하이는 달랐다. 상하이에서는 커피를 마음껏 즐길 수 있었다. 차를 마시는 게 일반적인 중국에서 커피를 마시며 잠시 숨을 고를 수 있다는 사실만으로도, 이 도시가 한결 편안하게 느껴졌다.

상하이는 화려하지만 단일한 인상으로 묶이지 않는 도시다. 같은 날, 같은 거리에서도 전혀 다른 장면들이 겹쳐 보인다.

7장

파리
예술이 국가가 된 도시

Paris

"미식과 볼거리가 넘쳐나는 파리는
선택을 내려놓아야 즐길 수 있다."

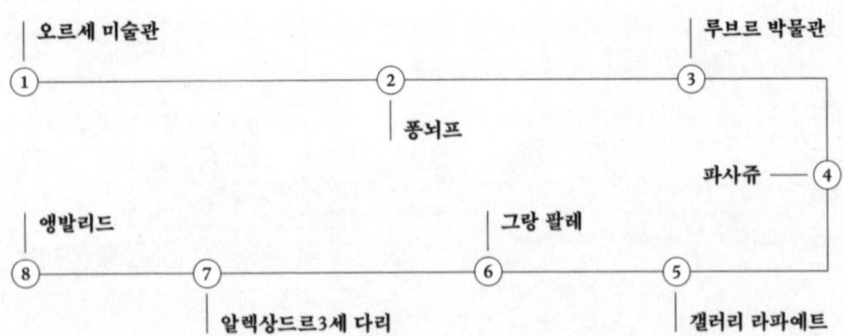

은환　저처럼 선택을 바로 못하는 사람에게 파리는 참 고약한 도시인 것 같아요. 선택지가 너무 많아서 어디서 묵을지, 뭘 먹을지도 막막한 느낌이거든요. 센강 근처에 있을지, 마레 지구처럼 골목이 예쁜 동네로 갈지, 몽마르트르 쪽으로 올라갈지 선택의 폭이 끝이 없죠. 파리를 며칠 안에 제대로 즐기기란 사실상 불가능해요.

지윤　맞아요. 그래서 파리는 처음부터 욕심을 조금 내려놓아야 하는 곳 같아요. 이번에는 이 정도만 즐기자고 마음먹는 게 오히려 편하더라고요. 취향에 따라서는 오랑주리나 로댕 미술관처럼 규모는 작아도 만족도가 큰 곳을 골라서 가는 재미도 있어요.

은환　그렇죠. 루브르 박물관이나 오르세 미술관만 해도 꼼꼼히 보려면 며칠을 써도 모자라니까요. 하나만 정해서

집중해서 보거나, 아예 무계획으로 반나절씩 보고 나오는 것도 나쁘지 않은 방법인 것 같아요. 미식도 선택지가 너무 많아서 또 문제예요.

지윤　먹는 것에 큰 취미가 없는 저도 파리에 오면 괜히 뭐든 먹고 싶어져요. 미쉐린 레스토랑도 좋지만, 갓 구워낸 바게트나 크루아상이 더 끌리더라고요. 따뜻한 커피 한 잔으로 아침을 시작하면서 잠깐이라도 파리지엥인 척 걸어보는 거죠.

가장 파리다운 미술관, 오르세

다른 여행지라면 아침 일정을 시작하기 전에 숙소에서 조식을 간단히라도 챙겨먹겠지만, 파리에서는 눈을 뜨면 대충 세수만 하고 곧바로 거리로 나선다. 가까운 카페에 들러 카페오레 한 잔과 크루아상을 먹는 재미 때문이다. 특별히 운이 나쁘지 않다면 파리의 카페에서 먹는 아침은 간단하지만 충분히 만족스럽다. 아마도 카페 근처 어느 빵집에서 갓 구워낸 크루아상 덕분일 것이다. 겉바속촉이라는 말이 이런 걸까. 온기가 남아 있는 크루아상은 겉은 부스러기가 떨어질 정도로 바삭하지만, 속은 결대로 찢으면 죽 늘어날 만큼 촉촉하고 찰기가 있다.

파리에서는 늘 미술관이 첫 번째 행선지가 된다. 그렇지 않으면 사람이 너무 많아 예매권을 갖고도 줄을 서야 한다. 발걸음을 바삐해 오르세 미술관으로 향한다. 1986년, 기차역을 대대적으로 개조해 미술관으로 문을 열었으니 이제 40년 가까운 역사를 지닌 비교적 젊은 미술관이다.

오르세역은 1900년 파리 세계박람회를 위해 건축가 빅토르 라루Victor Laloux가 지은 곳이다. 산업혁명 이후 비약적으로 성장한 유럽은 박람회를 통해 각국의 위상을 과시하곤 했다. 프랑스 정부는 화려하고 아름다운 파리의 위용을 드러내기 위해 파리 외곽까지는 증기기관차를, 그 지점부터 파리 중

페리가 지나가는 오르세 미술관

심부까지는 전기로 움직이는 소형 기관차를 운행했다. 그렇게 전기로 움직이는 기차의 종착역이 파리 한가운데의 오르세역이었다. 전기로 움직였기 때문에 연기나 그을음을 걱정할 필요가 없었고, 덕분에 오르세의 거대한 유리 지붕도 탄생할 수 있었다. 그러나 시간이 흐르며 문제가 생겼다. 기술이 발전하고 기차 이용객이 늘어나면서 열차의 길이는 점점 길어졌고, 오르세역의 플랫폼은 이를 감당하기에는 지나치게 짧았다. 센강을 끼고 도심 건물 사이에 자리한 역사였기에 확장도 쉽지 않았다. 그렇게 오르세역은 점차 천덕꾸러기가 되어갔다. 제2차 세계대전 당시에는 우편물 분류 센터로 사용되기도 했고, 오손 웰스Orson Welles는 황량해진 기차역을 배경으로 영화 〈심판〉을 제작하기도 했다.

결국 1970년대에 이르러 프랑스 정부는 오르세역을 허물고 대형 호텔을 짓는 안을 검토했다. 그러나 이 계획은 파리 시민과 건축가, 역사학자들의 거센 반대에 부딪혔다. 19세기 아르누보 건축의 대표작인 오르세를 보존해야 한다는 주장이 만만치 않았다. 반대를 이기지 못한 정부는 결정을 바꿔서 오르세역을 호텔이 아닌 박물관으로 개조하기로 한다. 그렇게 한때 천덕꾸러기였던 오르세는 1986년 미술관으로 새롭게 탄생했다. 오르세가 개관하면서 파리의 미술관 소장 체계도 정리되었다. 1848년 이전의 작품은 루브르 박물관이, 20세기 이후의 작품은 퐁피두 센터가 맡고, 1848년부터 1914년 사이 시기의 작품을 오르세가 담당하게 된 것이다. 그 결과 오르세는 우리가 사랑해 마지않는 인상주의와 후기 인상주의 작품들의 중심 무대가 되었다. 파리가 예술의 본거지로 꽃피웠던 바로 그 시절을 보여주는 공간이다.

미술관의 문이 열리면 대부분의 관람객은 곧장 3층으로 향한다. 1870년 이후의 인상주의와 후기 인상주의 작품이 걸려 있는 곳이다. 들어서자마자 마주하게 되는 작품은 〈가셰 박사의 초상〉이다. 반 고흐가 생의 마지막을 보낸 오베르 쉬르 우아즈에서 그를 돌봐주었던 폴 가셰Paul Gachet 박사를 그린 그림이다. 그림을 그린 반 고흐의 병세가 깊어져서인지, 아니면 모델인 가셰 박사의 우울감이 깊어진 탓인지, 화면 속에는 묘한 멜랑콜리가 감돈다. 반 고흐는 가셰 박사의 초상을 두 점 남겼다. 하나는 이곳 오르세에 걸려 있지만, 다른 한 점은 1990년 경매에서 8,200만 달러라는 천문학적인 가격에 낙찰된 뒤 개인 소장자의 수중으로 들어가 더 이상 대중 앞에 모습을 드러내지 않는다. 거의 같은 그림을 두 점 남겼다는 사실이 이토록 다행스러울 수 있을까. 오르세를 찾는 관람객에게는 반 고흐의 마지막 시간을 곱씹을 기회를 주고, 이름 모를 소장자에게는 쌍둥이 작품이 오르세에 걸려 있다는 사실만으로 소장품의 가치를 공고히 하는 기회가 된다.

빈센트 반 고흐, 〈가셰 박사의 초상〉, 1890, 캔버스에 유채

미술 교과서에 실린 그림들을 감상하는 것만으로도 시간이 부족할 만큼, 오르세 미술관은 유명한 작품들로 가득하다. 하지만 인상파 화가들의 작품이 처음부터 환영받았던 것은 아니다. 그들의 가치를 알아보고 후원했으며, 그들의 작품을 미술관에 당당히 자리 잡게 한 인물이 있다. 바로 구스타브 카유보트Gustave Caillebotte다. 오르세 미술관에는 그의 대표작인 〈마루를 대패질하는 사람들〉, 〈보트 타는 사람들〉 등이 걸려 있다.

구스타브 카유보트, 〈보트 타는 사람들〉,
1877-1878, 캔버스에 유채

인상파의 운명을 바꾼 유언

구스타브 카유보트는 많은 작품을 남기지는 않았다. 유복한 집안에서 태어났고 변호사로도 활동했기 때문에, 작품 활동에 매진해야 할 이유나 시간은 충분하지 않았을지도 모른다. 대신 인상파 화가들과 가깝게 지내며 그들을 후원했고, 그들의 그림을 적극적으로 사들였다. 그중에서도 집중적으로 수집한 일곱 명의 화가, 일명 '카유보트 세븐'이 존재했다. 클로드 모네Claude Monet, 에드가 드가Edgar Degas, 카미유 피사로Camille Pissarro, 피에르 오귀스트 르누아르Pierre-Auguste Renoir, 알프레드 시슬레Alfred Sisley, 에두아르 마네Édouard Manet, 폴 세잔Paul Cézanne이 그들이다.

카유보트는 45세의 이른 나이에 생을 마감했다. 그는 자신의 컬렉션을 정부에 기증해 루브르 박물관에 전시하도록 하라는 유언을 남겼다. 이 유언장은 이미 그가 20대일 때 작성된 것이었다. 그가 세상을 떠난 해는 1894년이다. 당시에도 인상파 화가들은 여전히 보수적인 아카데미파 화단의 인정을 받지 못하고 있었다. 국립 박물관 측은 유족의 기증 요청을 거부했고, 이후 지루한 법정 공방과 언론전을 거친 끝에 뤽상부르 박물관이 그의 소장품 65점 가운데 35점을 인수하기로 합의한다. 마네의 〈발코니〉, 모네의 〈생 라자르역〉, 르누아르의 〈물랭 드 라 갈레트의 무도회〉 등, 오늘날 오르세 미술관에서 가장 사랑받는 동시에 천문학적인 가치를 지닌 작품들이 이때 공공의 영역으로 들어오게 되었다. 그의 삶을 곱씹으며 카유보트의 그림을 천천히 들여다본다. 그가 모았던 화려한 컬렉션에 비해 그의 작품은 다소 차갑고 무뚝뚝한 인상을 준다. 그래서인지 관객이 몰리지 않아 비교적 한적하게 감상할 수 있다. 조용히 동료 화가들을 뒷받침했던 그의 삶이, 오르세 미술관 안에서도 이어지고 있는 듯하다.

센강을 걷다

오르세 미술관을 나와 카유보트의 인생을 곱씹으며 천천히 센강변을 걷는다. 프랑스인 친구가 한국에 왔을 때 한강을 보고 바다가 아니냐고 물은 적이 있다. 아마도 센강의 폭이 한강에 비해 너무 좁아서였을 것이다. 푸른 물이 넘실대는 한강에 비하면 센강은 한강의 어느 지천 정도로 좁지만, 동시에 걸어서 쉽게 건널 수 있다는 장점이 있다. 벨 에포크의 상징이라 할 수 있는 알렉상드르 3세 다리나 영화 〈퐁뇌프의 연인들〉로 이름이 익숙한 퐁뇌프를 천천히 건너다보면, 절로 〈파리의 하늘 아래〉 노래 가락이 콧노래처럼 흥얼거려진다.

퐁뇌프를 건너 루브르로 향한다. 다리를 건너며 앙리 4세 Henri IV를 떠올린다. 프랑스에서 가장 인기 있는 왕으로 꼽히는 인물이다. '여왕 마고'의 남편 등 그를 수식하는 말은 많지

퐁뇌프 다리

만, 앙리 4세야말로 파리를 다시 비약적으로 발전시킨 주인 공이다. 그는 스스로가 '진정한 파리 사람'으로 불리기를 원했다.

신교와 구교의 싸움으로 오랫동안 혼란에 빠져 있던 파리에 앙리 4세가 가톨릭 동맹을 물리치고 입성한 때는 그가 프랑스 왕으로 즉위한 지 5년째 되던 1594년이다. 앙리 4세는 파리에 입성하자마자 파리 시장을 비롯한 시 당국에 '앞으로 이 도시에 머물며 진정한 파리 사람으로 살고, 도시를 각종 편의 시설과 장식물로 가꾸겠다'는 뜻을 공표한다. 이를 계기로 오랫동안 지연되어 왔던 퐁뇌프 공사가 마무리되었다. 퐁뇌프를 건너며 종교 전쟁 속에서 흘려진 수많은 피를 떠올린다. 그리고 그 피를 멈추려 했던 앙리 4세 역시 결국 암살로 생을 마쳐야 했다는 슬픈 사실도 함께 곱씹는다.

루브르의 남자들

파리를 방문하는 사람들이 절대 피해 갈 수 없는 곳은 단연 루브르 박물관이다. 잘 알려져 있다시피 루브르는 요새와 왕궁을 거쳐 박물관으로 재탄생한 공간이다. 12세기 말, 필립 2세Philippe II가 파리를 보호하기 위해 요새로 건설한 것이 그 시작이었다. 예술을 사랑한 왕 프랑수아 1세François I가 이 요새를 왕궁으로 재건한다. 이후 여러 왕이 증축과 개조를 반복했고, 루이 14세Louis XIV에 이르러 루브르 궁전은 오늘날 우리가 떠올리는 웅장한 모습을 갖추게 되었다. 물론 그러고 나서 루이 14세는 베르사유로 홀라당 떠나버렸지만 말이다. 왕과 귀족들이 베르사유로 옮겨간 뒤, 루브르 궁전은 다양한 용도로 사용되기 시작했다. 왕실이 소유하던 예술품과 소장품을 전시하기도 했고, 왕립 아카데미가 입주했다. 왕실의 후원을 받는 예술가들의 작업 공간이 되기도 했으며 '살롱'이라 불린 미술 전람회가 열리는 장소로도 활용되었다.

흔히 루브르가 박물관이 된 계기를 프랑스 대혁명에서 찾는다. 틀린 말은 아니지만 절반 정도만 맞다. 루브르를 공공

〈루브르 박물관 내 갤러리〉, 1890-1900

박물관으로 만들어 왕실의 소장품을 국민에게 공개해야 한다는 주장은 혁명 이전부터 이미 확산되고 있었다. 18세기 후반부터 왕립 박물관으로 조성해 왕권의 위엄을 드러내고 프랑스의 예술적 수준을 과시하려는 준비가 차근차근 진행되고 있었던 것이다. 그러다 프랑스 대혁명이 터졌다.

혁명 정부는 왕실의 재산을 국민의 것으로 선포하고, 왕의 소장품을 국민 모두가 공유하는 국가 유산으로 규정했다. 왕과 귀족, 교회가 소유하던 예술품을 압수해 루브르로 옮겼고 1793년 8월 10일 루브르는 '공화국 중앙 예술 박물관'이라는 다소 따분한 이름으로 문을 열었다. 루브르의 소장 컬렉션을 완전히 다른 차원으로 끌어올린 인물은 나폴레옹Napoléon

Bonaparte이다. 정복 전쟁을 통해 쓸어온 수많은 예술 작품으로 치장한 루브르는 그야말로 황금기를 누렸다. 이름도 아예 '나폴레옹 박물관'으로 바꿔버렸고, 유럽 각지의 최고급 예술품을 끌어모아 전시했다. 물론 나폴레옹의 몰락과 함께 프랑스는 약탈해 온 작품들을 대거 반환해야 했고, 박물관은 '루브르 왕립 박물관'을 거쳐 오늘날 우리가 알고 있는 루브르 박물관이 되었다.

루브르 박물관에 들어갈 때는 다소 치밀한 전략이 필요하다. 수만 점 규모의 예술 작품이 전시된 거대한 공간인 만큼, 자신에게 주어진 시간에 맞춰 어디서 무엇을 볼지 미리 계획하는 게 좋다. 루브르에는 드농관, 리슐리외관, 쉴리관 등 세 개의 섹션이 있는데, 제대로 보려면 하루에 한 섹션을 보는 것도 벅차다.

파리 사람들이 먹는 빵의 역사

정처 없이 길을 걷다보면 배가 고파진다. 파리는 미식의 천국이지만, 선택지가 너무 많아 오히려 고통스러운 곳이기도 하다. 왠지 파리에서 맛있는 것을 못 먹고 떠난다면 억울할 것 같지만, 여행객에게는 시간과 금전의 제약이 있으니 과도한 욕심을 부릴 수는 없다. 그럼에도 바게트만큼은 꼭 먹어야 한다. 갓 구워낸 바게트에 눅진하고 고소한 버터를 발라 먹기만 해도 세상을 다 가진 듯 황홀하다. 여기에 커피 한 잔까지 곁들이면 더할 나위 없다.

바게트는 프랑스의 국민 빵으로 알려져 있다. 빵을 달라 외치며 왕궁으로 쳐들어갔던 파리 시민들을 보며 마리 앙투아네트Marie Antoinette가 "빵이 없으면 과자를 먹으면 된다"라고 철딱서니 없는 말을 했다는 일화는 악명 높은 유언비어다. 프랑스 대혁명 당시 시민들이 바게트 하나를 구하지 못할 정도로 힘들었고, 이것이 혁명을 촉발했다는 이야기 역시 낭설이다. 왜냐하면 당시에는 바게트가 없었기 때문이다.

바게트가 파리 거리에서 본격적으로 보이기 시작한 것은 19세기에 이르러서였고, 지금처럼 길고 가느다란 형태의 바게트가 등장한 것은 20세기 이후의 일이다. 바게트의 유래에는 여러 설이 있지만, 그중 가장 설득력 있게 받아들여지는 것은 1920년 제정된 프랑스 노동법과 관련된 이야기다. 새로운 노동법에 따라 제빵사들은 밤 10시부터 다음 날 새벽 4시까지 노동할 수 없게 되었다. 그러다 보니 당시 프랑스인들이 먹던 두껍고 둥글며 커다란 빵인 미슈를 아침 빵으로 구워서 내놓기에는 시간이 부족했다. 그래서 발효가 빠르고 오븐에서 굽는 시간도 짧은, 길고 가느다란 바게트가 고안되었고 이후 대중화되었다.

물론 파리에서는 크루아상도 빼놓을 수 없다. 반달 모양의 버터 향 가득한 이 페이스트리의 원형은 오스트리아의 킵펄이라는 달 모양의 페이스트리에서 비롯되었다. 프랑스로 건너온 것은 1838년경이다. 오스트리아인 아우구스트 장은 파리에 비엔나 제과점을 열었고, 이곳에서 선보인 킵펄을 비롯한 비엔나풍 빵들은 선풍적인 인기를 끌었다. 당시 비엔나는 제빵 혁신의 중심지였으니 최신 유행의 빵을 소개한 셈이다. 여기에 프랑스 제빵사들은 기존의 반죽 대신 버터를 듬뿍 넣은 프랑스 고유의 퍼프 페이스트리 반죽을 사용해 자신들만의 킵펄을 만들어냈다. 우리가 사랑하는, 공기밥 한 공기를 훌쩍 뛰어넘는 칼로리를 지닌 크루아상이 그렇게 탄생했다. 카페에 들러 크루아상 하나와 커피를 먹는 일만큼 하루를 여유 있게 만들어주는 것도 드물다. 밥 두 공기는 만 보쯤 걸으면 사라질 것이라는 헛된 희망도 함께 가져보면서 말이다.

오스만 남작과 파리의 산책자들

세계에는 그 자리에 있기만 해도 사랑에 빠질 것 같은 도시들이 몇 있다. 파리가 그중 하나일 것이다. 냄새가 좀 날지언정, 일단 너무 예쁘지 않은가. 그런데 낭만과 로맨스가 넘실거리는 파리는 사실 19세기 중반 이후에 완성된 도시다. 중세 시대의 파리는 어둡고 비좁으며 미로처럼 얽힌 골목길로 가득한 곳이었다. 제대로 된 상하수도 시설이 없어 악취가 심했고, 콜레라 같은 전염병이 주기적으로 창궐했다. 다닥다닥 붙어 있던 목조 가옥들은 화재에도 취약했다. 따지고 보면 이런 미로 같은 골목길이 있었기에 영화 〈레 미제라블〉에서 볼 수 있듯이 바리케이드를 치고 저항할 수 있었을 것이다.

이런 도시의 혼란을 뒤집어엎고 근본적으로 바꾸려는 강력한 의지를 지닌 인물이 등장한다. 그가 바로 나폴레옹 3세 Napoléon III다. 그는 젊은 시절 영국 런던으로 망명한 경험이 있는데 파리와는 달리 현대적으로 변모해가는 런던의 모습에 깊은 인상을 받았다. 웅장한 리젠트 스트리트와 거대한 왕립 공원을 보면서 파리 역시 도시 계획을 통해 새롭게 태어나야 한다고 생각했다. 그리고 이 원대한 프로젝트를 수행한 인물이 조르주 외젠 오스만 Georges-Eugène Haussmann 남작이다. 나폴레옹 3세의 전폭적인 지지를 등에 업은 오스만 남작은 대대적인 파리 대수술에 착수한다. 그의 계획에는 세 가지 목표가 있었다. 첫째는 넓고 곧게 뻗은 대로를 뚫는 것이었고, 둘째는 현대적인 상하수도 시설을 갖춰 도시 위생을 개선하는 것이었다. 마지막으로 조화롭고 아름다운 도시를 만들어 파리 시민들의 삶의 질을 높이고자 했다. 대형 공원과 곳곳의 작은 광장, 대로를 밝히는 가스등은 한없이 로맨틱한 파리를 만들어낼 것이었다.

1853년부터 1870년까지 진행된 도시 계획 사업을 통해 파

돔 양식이 돋보이는 오페라 가르니에

리는 오늘날과 같은 방사형 구조를 갖추게 되었고, 기차역과 주요 광장들이 직선으로 연결되었다. 동시에 '오스만 양식'이라 불리는 새로운 건축 양식의 건물들이 들어섰고, 오페라 가르니에와 같은 기념비적인 건축물도 세워졌다. 하지만 이 개조가 시민들의 편의를 위한 데에만 방점이 찍혀 있었던 것은 아니다. 나폴레옹 3세에게는 또 다른 속내가 있었다. 18세기 이후 빈번하게 벌어졌던 폭동, 특히 바리케이드전을 원천적으로 차단하려는 목적이었다. 구불구불한 골목에서는 바리케이드를 치고 농성하기 쉬웠지만, 넓고 곧은 대로에서는 그럴 여지가 줄어든다. 이 과정에서 파리의 낡은 건물들은 가차 없이 철거되었다. 그래서일까. 《레미제라블》의 저자 빅토르 위고 Victor Hugo는 오스만의 파리 개조 작업을 두고 역사적 가치를 훼손하는 반달리즘이라며 혹평하기도 했다.

그럼에도 도로의 직선화, 하수도 개선, 공원 조성이 어우러진 개조 작업을 통해 파리는 진정한 전성기를 맞는다. 이제 거리에는 시위대 대신 잘 차려입은 '댄디한' 신사 숙녀들이 등장해 탁 트이고 화려해진 거리를 거닐게 된다. 프랑스의 시인 샤를 보들레르 Charles Baudelaire는 파리를 산책할 때 늘 떠오르는 인물이다. 파리 개조 사업이 한창이던 시기에 살았던 그는 미술 비평 에세이인 〈근대의 삶을 그린 화가〉에서 산책자 flâneur에 대해 이렇게 썼다.

"세상을 보는 행위는 세상의 중심에 있는 것이고,
동시에 세상에 숨어 있는 것이다. (…) 이런 즐거움을
언어로 묘사하는 데에는 한계가 있다. (…) 보편적인
삶을 사랑하는 사람은 강렬한 에너지를 품은 저장고에
들어가듯 군중 속으로 들어간다."

이 시기의 파리를 발터 벤야민 Walter Benjamin은 '19세기의 수도'라고 불렀다. 나폴레옹 3세가 통치한 제2제정기의 파리는 세계에서 가장 빠르게 변모하는 도시였고, 동시에 가장 상

업적인 공간이기도 했다. 19세기 초 등장해 근대 상업주의의 화려함을 보여주며 각광받았던 아케이드, 프랑스어로 '파사주'라 불리는 공간이 대표적이다. 철과 유리로 된 지붕을 얹은 파리의 아케이드는 1800년 무렵 처음 문을 열었고, 그 영향이 이어져 1851년 런던 세계박람회에서는 대형 판유리와 철골 구조로 이루어진 수정궁이 선보이기도 했다. 그러나 새로움의 상징이던 아케이드 역시 야심 찬 도시 개조 계획 속에서 빠르게 쇠퇴했고, 봉 마르셰와 같은 대형 백화점에 그 자리를 내주게 된다.

그렇다면 이런 파리에서 댄디한 산책자의 일상은 어떠했을까. 보들레르는 "댄디는 아무 일도 하지 않는다", "댄디는 끊임없이 숭고함을 갈망해야 한다", "댄디는 거울 앞에서 자고 생활해야 한다" 등 댄디의 본질을 집요하게 탐구했으며 자신이야말로 댄디의 현신이며 산책자였다. 그는 스물한 살에 십만 프랑이 넘는 재산과 네 곳의 토지를 물려받았지만, 그 절반을 불과 스물다섯 달 만에 탕진했다. 돈이 생길 때마다 분에 넘치는 옷과 사치품을 사들였다고 한다. 그와 함께 걷던 나폴레옹 3세 시대 산책자들의 발걸음은 결코 한가롭지 않았다. 무엇을 보고 뭘 살지 욕망으로 들끓는 마음을 안고 오스만 대로를 향해 분주히 움직이고 있었던 것이다.

오늘날 파리를 21세기의 수도라고 부르는 사람은 없다. 그럼에도 세계 각지에서 모여든 관광객들은 여전히 파리를 산책하며 명품 쇼핑으로 하루를 채운다. 이제 굳이 파리에 가야만 살 수 있는 물건이 있을까 싶다. 나폴레옹 3세 시대부터 왕족의 사랑을 받으며 명성을 쌓아 온 루이비통이나 고야드는 이제 세계 어디에서나 쉽게 살 수 있다. 그럼에도 사람들은 파리에 오면 시시때때로 걸음을 멈추고 쇼윈도 안을 들여다본다. 쇼윈도를 넋놓고 바라보는 도시 산책의 즐거움이 어느새 200년을 훌쩍 넘겼다. 인간의 역사에서 200년이란 얼마나 짧은 시간인가. 앞으로 또 다른 200년이 지나도, 파리의 거리가 여전히 우리와 같은 산책자들로 채워져 있을지 문득 궁금해진다.

세계의 수도, 파리

지금은 그다지 큰 관심을 끌지 못하지만, 100여 년 전만 해도 엑스포는 세계인들에게 정말 뜨거운 이벤트였다. 제국주의가 기승을 부리던 시절, 엑스포는 '제국'의 기상과 위용을 과시하는 무대였다. 1851년 영국 런던에서 시작된 이후 유럽의 열강들은 엑스포 유치 경쟁에 나섰는데 그중에서도 프랑스는 유난히 적극적이었다. 1900년까지 총 13차례의 엑스포가 열렸고, 이 가운데 다섯 번을 파리가 유치했으니 이 정도면 '프로 엑스포러'라 불러도 무방하다.

영국보다 산업혁명에서 한발 늦었던 프랑스는 19세기 후반에 들어 급속도로 발전한다. 여기에는 나폴레옹 황제의 조카이자 나폴레옹 3세인 샤를 루이 나폴레옹 보나파르트Charles-Louis Napoléon Bonaparte의 역할이 컸다. 제2공화국의 초대 대통령으로 선출된 뒤 친위 쿠데타를 통해 황제가 된 그는, 정치적 안정을 도모하는 한편 프랑스의 경제·산업·문화·예술 전반의 발전을 이끌었다. 엑스포는 프랑스의 발전상을 과시하는 동시에 국민을 결집시키는 정치적 도구로도 유용하게 활용되었다.

엑스포 준비 과정에서 오늘날의 관광명소들도 탄생했다. 대표적인 것이 프랑스 대혁명 100주년을 기념해 열린 1889년 엑스포 때 세워진 에펠탑이다. 처음에는 흉물스러운 쇳덩어리라며 혹평을 받았다. 하지만 산업용 자재인 철로 이루어진 곡선과 격자 구조만으로도 충분히 아름다운 건축이 가능하다는 사실을 증명하며 에펠탑은 곧 파리를 상징하는 존재가 되었다. 높이 300미터가 넘는 에펠탑은 세계 최고층 건축물의 자리를 41년간 유지하며 스카이스크래퍼, 즉 초고층 건축 시대의 서막을 열었다. 41년동안 세계 최고 고층 건축물의 자리를 유지하던 에펠탑은 그 기록을 1930년 미국 뉴욕의 크라이슬러 빌딩에 넘겨주게 된다.

1900년 엑스포는 더더욱 성대하게 치러졌는데, 두 번째 근

세계박람회를 계기로 세워진 에펠탑

대 올림픽이 파리에서 함께 열렸기 때문이다. 오늘날의 올림픽은 굉장히 큰 규모로 진행되지만 당시만 해도 엑스포에 비해 관심이 적어 부속 행사처럼 치러졌다. 이때 행사가 끝난 뒤에도 철거되지 않고 남은 건물들이 있었는데, 그중 대표적인 것이 그랑 팔레와 그 맞은편의 프티 팔레다. 프티 팔레는 현재 파리 시립 미술관으로 운영되고 있으며 그랑 팔레는 예술 전시부터 스포츠 경기, 아이스 스케이트장, 샤넬의 패션쇼장으로 유명하고 예술품 기획전이 열리기도 한다.

파리를 떠올릴 때 빼놓을 수 없는 다리도 이 시기에 등장한다. 파리 배경 영화 속에 자주 등장하는 알렉상드르 3세 다리는 단정하고 소박한 퐁뇌프에 비해 화려하고 장식적이다. 이 다리는 러시아 황제 알렉상드르 3세Alexander III of Russia를 기리기 위해 세워졌다. 파리 한복판에 러시아 황제의 이름을 딴 다리가 있다는 사실만으로도 당시 복잡하게 돌아가던 유럽 정세가 짐작된다.

1871년 독일 제국이 통일되며 중부 유럽의 강자로 부상하자, 위기의식을 느낀 프랑스는 1892년 러시아와 동맹을 체결한다. 서쪽과 동쪽에서 독일을 압박하려는 계산이었다. 프랑스·러시아 동맹은 유럽 정치의 큰 변곡점이 되었고, 나폴레옹 전쟁 이후 비교적 잠잠하던 유럽 대륙에는 다시 긴장이 감돌기 시작했다. 이 동맹을 맺은 러시아 황제가 바로 알렉상드르

3세였고, 그를 기념하기 위해 알렉상드르 3세 다리가 생겼다. 이곳은 파리에서 사랑을 나누는 남녀를 떠올릴 때 가장 먼저 언급되는 다리이기도 하다.

샹젤리제 거리로부터 서남쪽으로 걸어오면 그랑 팔레와 프티 팔레가 있다. 여기를 지나 알렉상드르 3세 다리를 건너면 만나게 되는 것이 앵발리드다. 황금빛 돔이 감싸고 있는 앵발리드는 프랑스가 치른 전쟁의 영광과 상처가 함께 하는 곳이다. 17세기 태양왕 루이 14세는 당시 유럽 최강 군대를 자랑하고 있었다. 그 자부심이 지나쳐서 끊임없이 전쟁을 일으켰고, 그로 인해 수많은 상이군인들이 발생했다. 이에 1670년 루이 14세는 이들을 위한 집과 병원을 짓겠다고 발표했고, 그렇게 탄생한 복합단지가 앵발리드다. 이곳은 군인들을 위한 병원과 요양시설 및 교회인 생루이 데 장발리드 성당, 왕을 위한 개인 예배당인 돔 성당으로 이루어져 있다. 프랑스 대혁명의 출발점 역시 앵발리드였다. 1789년 7월 14일, 바스티유 감옥을 습격하기 위해 무기를 찾던 파리 시민들이 먼저 몰려간 곳이 앵발리드 무기고였다. 이곳에서 시민들은 3만 자루가 넘는 소총과 몇 문 정도의 대포를 확보한 뒤 탄약을 구하러 바스티유로 향했다. 앵발리드는 황제의 안식처이기도 하다. 멀고 먼 세인트 헬레나에서 사망한 나폴레옹의 유해는 1840년 프랑스로 귀환할 수 있었다.

나폴레옹 1세의 유해는 본래 왕을 위한 영묘로 지어진 돔 성당에 안치되었다. 지금도 앵발리드에는 수많은 대포가 전시되어 있어 포병술의 대가였던 나폴레옹이 이곳에 잠들어 있음을 과시하는 것처럼 느껴진다. 반짝반짝 빛나는 대포들과 군사 박물관을 둘러본 후 돔 아래 안치되어 있는 나폴레옹 관까지 보고 난 뒤에는 파리와 프랑스가 달리 보인다. 거만한 미소를 띤 농염한 고양이 같던 파리는 어느새 냉혹하고 서늘한 매력을 지닌 전쟁의 신, 마르스로 변해 있다.

은환 on

파리를 걷다가 경쾌한 분위기의 레스토랑, 브라스리에 들어가 닭고기 요리나 돼지고기 요리를 즐긴다. 하지만 긴 여행에 지칠 때면 가끔 한식이 그리워진다. K-푸드 열기가 뜨거워지면서 해외에서도 한식당을 쉽게 찾을 수 있게 되었지만, 한국의 맛을 그대로 기대하기는 여전히 어렵다. 그러나 파리에서는 한식당 방문이 실패로 기억될 확률이 낮다. 미식의 눈높이가 높은 도시에서 살아남았다는 사실 자체가 어느 정도 그 수준을 보장해주는 것일까.

걷다 지치고 마음이 허전해질 때면 한식당 '우정'에 들러 순두부찌개를 먹는다. 특별할 것 없는 그 맛이, 한국에 돌아와서도 가끔 떠오르는 이유는 아마도 그날의 찌개가 지친 몸을 달래주었기 때문일 것이다. 최근에는 '세토파'처럼 한국의 유명 셰프들이 운영하는 한식당들도 문을 열며 인기를 끌고 있다. 닭강정 덮밥이나 떡볶이 같은 한국의 거리 음식이 파리에서는 어엿한 요리가 되어 현지인들의 사랑을 받는 모습을 보면 괜히 어깨가 으쓱해진다.

지윤 on

프랑스 혁명 스토리를 유난히 좋아했던 나는 파리에서 꼭 가보고 싶었던 곳이 있었다. 콩시에르주리. 프랑스 혁명 시절 마리 앙투아네트를 비롯한 많은 귀족과 왕실 인사들이 단두대에서 처형되기 전 지냈던 감옥이다. 파리 최초의 궁전이었던 이곳은 14세기 말 루브르로 궁전을 옮기면서 감옥으로 사용되기 시작했다. 궁전에서 감옥이라니, 사람으로 치면 최상류층에서 바닥으로 떨어진 느낌이다.

감옥에 들어가기만 해도 으스스한 기운이 감돈다. 그런데 동시에 서글퍼서 아름답기까지 하다. 화려한 파리와 프랑스의 궁전들을 보다가 간결하고 웅장한 선으로 이루어진 이곳을 마주하면, 같은 도시에 와 있는 게 맞나 싶기도 하다.

왕비에서 단두대의 이슬로 사라진 마리 앙투아네트만큼 궁전에서 감옥으로 전락한 콩시에르주리에 어울리는 인물이 있을까. 서른일곱의 젊은 나이로 사라진 그녀의 서글픈 인생이 감옥 구석구석에 녹아 있는 듯하다.

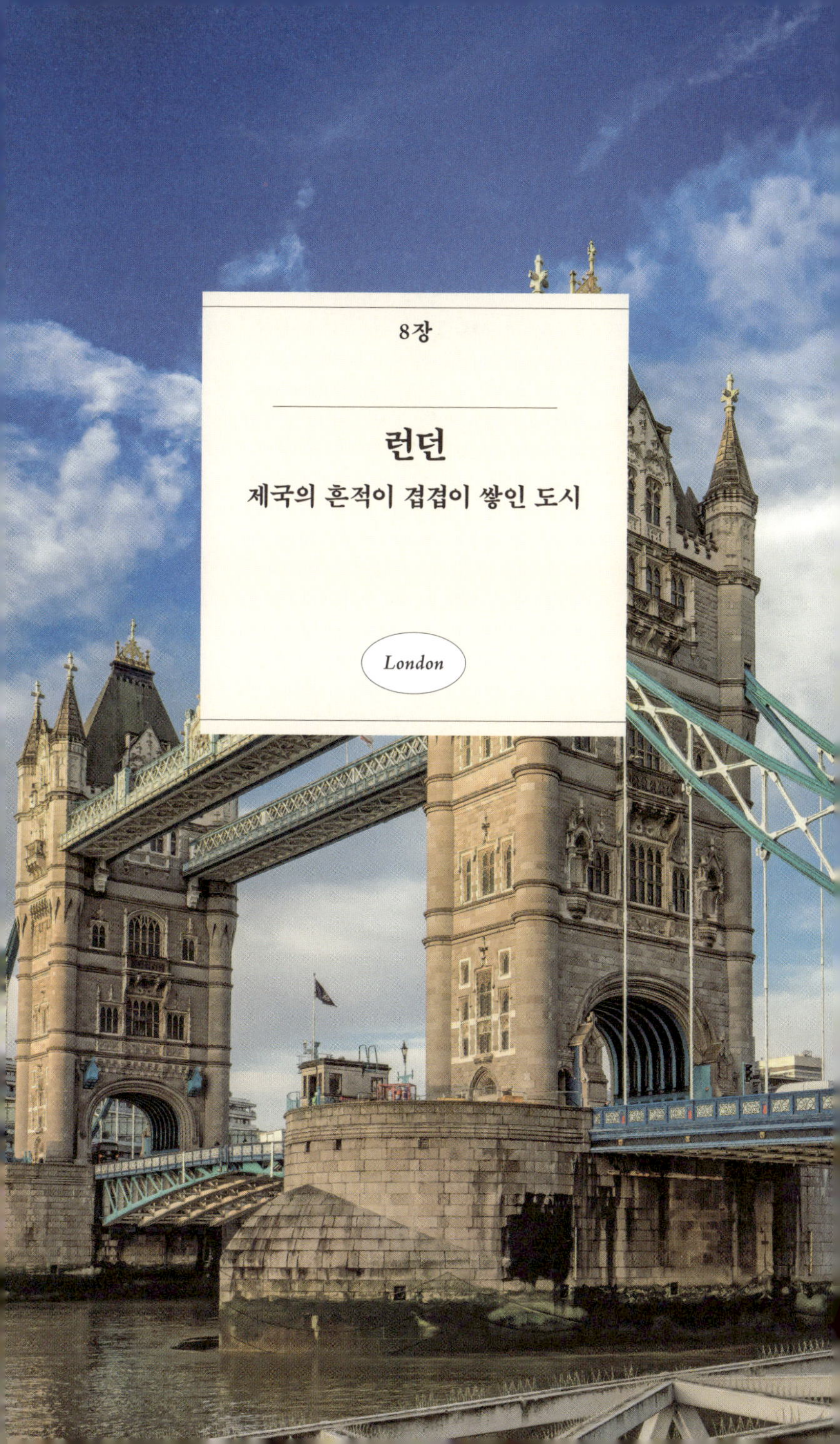
8장

런던
제국의 흔적이 겹겹이 쌓인 도시

London

"런던은 혁명 대신 제도를 선택했고,
지금도 세계의 중심에 있다."

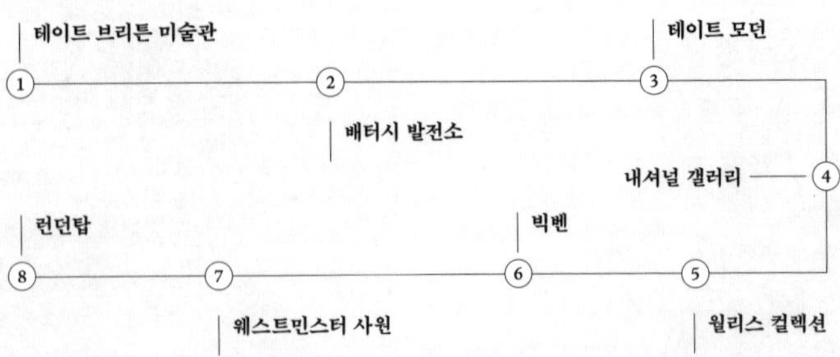

지윤   유럽 도시 중 런던만큼 심장을 뛰게 하는 곳도 없는 것 같아요. 이곳이야말로 영국의 수도가 아니라 세계의 도시라는 생각이 들게 만들죠. 의원내각제의 출발점이 된 곳이기도 해서, 정치학을 공부한 저에게 더욱 특별하기도 하고요. 프랑스와 다르게 피 흘리는 혁명 없이 민주주의로 넘어갔다는 점에서 '제도'를 선택해온 영국의 차가운 이성이 느껴져요.

은환   런던은 한때 '해가 지지 않는 나라'로 불렸고 지금도 세계 금융의 중심지로 불리지만, 기원후 47년 로마인들이 도시를 세운 뒤 2천 년이 넘는 오랜 역사를 쌓아온 도시라는 점은 잘 알려지지 않은 것 같아요.

지윤   맞아요. 로마 제국이 쇠락하고 앵글로색슨족이 5세기 이후 런던에 터를 잡은 걸로 추정되는데, 그 흔적이 지금의 코벤트 가든 근처에서 발견됐죠. 이렇게 오랜 시간 세계의 부와 사람이 모였던 도시라서 "런던을 제대로 보려면 얼마나 걸리냐"고 묻는 건 애초에 성립하지 않는 질문 같아요.

은환　런던에서는 일주일 내내 미술관만 돌아다녀도 되고, 뮤지컬만 봐도 충분하고요. 쇼핑을 하거나 공원에서 시간을 보내는 데 며칠을 써도 전혀 어색하지 않죠.

지윤　역사, 예술, 금융, 일상이 겹겹이 쌓여 있어서 어떤 얼굴을 보느냐에 따라 전혀 다른 도시가 되는 곳이네요. 런던은 정말 팔색조 같은 도시예요.

테이트 브리튼에서 만나는 천상의 색채

볼 것도 많고 할 것도 많은 런던이지만, 런던에 갈 때마다 꼭 하는 일이 몇 가지 있다. 그중 하나가 바로 테이트 브리튼에 가서 두 점의 그림을 보는 것이다. 존 싱어 사전트John Singer Sargent의 그림 〈카네이션, 백합, 백합, 장미〉와 존 에버렛 밀레이John Everett Millais가 그린 〈오필리어〉다.

사전트의 그림은 그가 코츠월드에 있는 친구 프랭크 밀레Frank Millet의 집에 머물면서 그렸다. 그림 속 친구의 딸들은 초가을 저녁, 꽃들이 만개한 정원에서 중국풍 종이 등불을 들고 놀고 있고, 만개한 꽃들은 등불의 빛을 받아 환하게 빛나

존 싱어 사전트, 〈카네이션, 백합, 백합, 장미〉,
1885-1886, 캔버스에 유채

고 있다. 이 그림을 볼 때면 그 등불의 빛이 그림 밖으로 퍼져 나오고, 석양의 끝자락과 깊은 푸른빛이 섞인 저녁 하늘이 그림 너머로 펼쳐져 있을 것 같은 환상에 빠져든다. 이 짧은 환상 속에서 여행의 피로뿐 아니라 그간 마음속에 쌓여 있던 응어리까지도 스르르 녹아 사라진다. 그림을 바라보는 동안, 나는 어느 저택의 정원에 초대받은 손님이 되어 그림 속 등불과 꽃, 그리고 소녀들과 함께 어울리고 있는 것이다.

아름다운 그림이지만 사전트가 이 작품을 완성하기까지

의 과정은 녹록지 않았다. 사전트는 클로드 모네Claude Monet의 영향으로 야외에서 포착된 찰나의 순간을 그리는 데 몰두했는데, 걸핏하면 비가 쏟아지는 영국의 날씨 탓에 충분한 시간을 갖고 작업을 완수하기가 어려웠다고 한다. 그 결과 9월에 그리기 시작한 이 그림은 10월 말이 되어서야 완성되었다. 이렇게 완성된 작품의 제목에는 독특하게도 '백합'이 두 번이나 들어간다. 이는 당시 유행하던 가요 〈화환〉의 한 구절에서 따온 것이다. 제목이 워낙 독특함에도 가끔은 그 이름이 잘 떠오르지 않아 '사전트의 소녀와 등불 그림'이라고 부르기도 한다. 제목은 기억나지 않아도 작품의 색채가 주는 강렬함에 이끌려 런던에 머무를 때면 잠시의 짬이라도 내어 테이트 브리튼을 찾게 된다.

테이트 브리튼에서 꼭 봐야 할 또 하나의 작품 〈오필리어〉는 윌리엄 셰익스피어William Shakespeare의 비극 〈햄릿〉 속 인물 오필리어를 그린 것이다. 오필리어는 연인 햄릿이 자신의 아버지 폴로니어스Polonius를 왕으로 오인해 칼로 찔러 죽이자, 깊은 슬픔 끝에 광기에 빠져 결국 강에 몸을 던져 죽음에 이른다. 그녀의 죽음을 셰익스피어는 "미나리아재비와 쐐기풀, 실국화, 연자주색 난초 따위를 엮은 화관을 쓰고 와서 늘어진 버들가지에 올라가 그 화관을 걸려 했을 때, 심술궂은 은빛 가지가 갑자기 부러져 오필리어는 화관과 함께 시냇물 속에

존 에버렛 밀레이, 〈오필리어〉, 1851-1852, 캔버스에 유채

빠졌네"라고 묘사했다. 밀레이는 바로 그 장면을 더할 나위 없이 아름답고도 처연하게 화폭에 옮겼다. 어릴 때부터 천재라고 불렸다고 하는데, 이 그림을 그렸을 당시 그의 나이가 겨우 스물세 살이었다는 사실을 떠올리면, 천재는 길러지는 것이 아니라 태어나는 것이라는 생각이 든다. 〈오필리어〉는 물 위를 떠내려가는 듯한 구도도 절묘하지만 살짝 벌린 입술과 손에 쥔 꽃송이, 강을 덮은 수초들까지 모든 요소가 놀라울 만큼 섬세하게 묘사되어 있어 한참을 들여다보게 만든다. 테이트 브리튼에는 영국을 대표하는 세계 최고 수준의 회화들이 빼곡히 전시되어 있어 이 두 작품만 보고 나오기는 쉽지 않

다. 그럼에도 바쁜 출장길에 이 두 점의 그림은 지친 몸과 마음을 빠르게 회복시켜 주는 응급약 같은 존재가 되어주었다.

배터시 발전소와 스타 건축가 프랭크 게리

테이트 브리튼을 나와 30분 정도 걸으면 런던의 최고 '핫 플레이스'로 떠오른 곳이 나온다. 바로 배터시 화력 발전소다. 1930년대에서 1950년대 사이에 지어져 약 20여 년간 런던 시민들에게 전기를 공급하던 이 화력 발전소는, 십여 년에 걸친 재개발 노력 끝에 2022년 쇼핑과 레저 복합 공간으로 다시 태어나 각종 인기 브랜드와 식당들이 들어섰다. 이 장소를 더 특별하게 만드는 것은 발전소 건물 옆에 지어진 주거 공간이다. 이 건물은 미국의 스타 건축가 프랭크 게리Frank Gehry가 디자인했는데 게리 특유의 으쓱으쓱 춤추는 듯한 외관이 눈에 띈다. 남들이 쉽게 시도하지 못하는 형태를 구현해낸 용기와 창의성, 그리고 삶의 마지막까지 현역으로 활동한 건축가의 궤적을 떠올린다.

배터시 화력 발전소의 쇼핑 공간에 있는 브랜드들이 다른 곳과 큰 차별성은 없기 때문에 쇼핑몰이 그 자체로 특별하다고 말하기는 어렵다. 그러나 긴 굴뚝을 비롯해 발전소의 골격을 그대로 살려 재개발한 덕분에 건물 자체를 구경하는 재미가 쏠쏠하고, 엘리베이터를 타고 올라가 탁 트인 도시 전망을

긴 굴뚝 두 개가 돋보이는 배터시 발전소 건물

내려다보는 경험도 인상적이다. 이 공간의 개발 방식을 두고 수십 년간 수많은 논의가 오갔고, 그사이 많은 계획안이 좌절되고 폐기된 기록이 남아 있다. 쉬운 길을 택하지 않고 오래된 건물의 골격을 그대로 살려 이처럼 완성도 높은 공간을 만들어낸 런던 사람들의 참을성이 조금 부럽게 느껴진다.

배터시 발전소에 인접한 나인 엘름스 지역은 템즈강 남쪽, 사우스 뱅크에 속해 있다. 사우스 뱅크는 궁전이나 박물관 같은 공공기관이 빼곡히 들어선 템즈강 북쪽에 비해 발전이 더뎠지만, 18세기 이후 서민들의 위락 시설이 꾸준히 명맥을 유지해온 곳이다. 최근에도 엔터테인먼트 산업을 중심으로 강변을 따라 새로운 시설들이 들어서며 활기를 더하고 있다. 런던은 오래된 도시라 곳곳에 유적지가 자리 잡고 있어 추가적인 개발이 가능할지 의문이 들기도 하지만 런던 여기저기서 개발이 이어지고 새로운 공간들이 계속 만들어지고 있다. 사우스 뱅크 지역은 그런 변화 속에서 오늘날 런던의 새로운 얼굴을 가장 잘 보여주는 장소다.

다음 행선지는 이 지역을 대표하는 문화 시설인 테이트 모던이다. 배터시에서 테이트 모던까지는 보트를 타고 이동하는 것도 재미있다. 서비스 이름은 '우버 보트 바이 템즈 클리퍼스'이고 런던을 동서로 가로지른다. 런던 역시 시내 교통 체증이 심한 편이라 리버 보트는 꽤 효율적인 운송 수단이다. 테이트 모던은 배터시 발전소처럼 가동이 중단되었던 화력 발전소인 뱅크사이드 발전소를 리모델링해 2000년에 문을 열었다. 이 건물 역시 기존의 외관을 그대로 활용해 건물 한가운데에는 굴뚝이 그대로 서 있다. 이제 그 굴뚝 꼭대기에는 반투명 패널이 둘러져 있는데, 저녁이면 테이트 모던의 상징이라 할 수 있는 보라색 빛이 밝혀진다.

테이트 모던은 세계 최대 규모의 현대미술 컬렉션을 자랑하며 파블로 파블로 피카소Pablo Picasso, 앙리 마티스Henri Matisse, 쿠사마 야요이草間 彌生 등의 걸작을 언제나 만날 수 있는 곳이다. 그러나 테이트 모던이 보여주는 특별함은 따로 있다. 지금 이 순간 세계에서 가장 전위적인 작가들의 작업을 소개하는 기획전이다. 특히 발전소의 발전실을 개조한 터빈 홀은 높이 32미터, 길이 152미터에 달할 정도로 압도적이다. 설치미술 작가라면 누구나 한 번쯤 자신의 작품 세계를 펼쳐보고 싶어 할 꿈의 공간이기도 하다.

도심 속 보석 같은 쉼터 월리스 컬렉션

영국의 옥스퍼드 스트리트는 오랫동안 영국뿐 아니라 세계 소매업의 지표와도 같은 곳이었다. 크리스마스 등 주요 명절마다 이곳에 자리한 대형 매장들, 막스 앤 스펜서, 셀프리지 백화점, 존 루이스 백화점의 매출이 전년 대비 얼마나 늘었는지가 경제 기사 톱을 장식하곤 했지만, 이제 온라인 유통이 대세가 되며 그런 수치를 따지는 일도 옛이야기가 되었다. 사람들은 더 이상 명절 전후에 시내로 쏟아져 나와 쇼핑백을 들고 낑낑대며 다니지 않는다. 그럼에도 런던에 가서 옥스퍼드 스트리트를 걷는 일은 여전히 즐겁다. 같은 물건도 열 배쯤 더 멋있어 보이게 만드는 윈도 디스플레이, 사람들 손에 들린 셀프리지 백화점의 샛노란 쇼핑백을 보고 있으면 나도 무엇인가 하나 사야 할 것 같은 조바심이 슬그머니 차오른다.

셀프리지 백화점은 1909년에 문을 열었다. 유서 깊고 장중한 건물 자체도 인상적이지만, 계절마다 바뀌는 매장 장식 또한 훌륭한 볼거리다. 명품을 살 형편은 되지 못해도 한국에서는 선택의 폭이 넓지 않은 영국 내셔널 브랜드, LK 베넷이나 안야 힌드마치 등을 둘러보는 재미가 있다. 셀프리지에서는 눈요기를 하고, 막스 앤 스펜서로 자리를 옮겨 가격도 부담 없고 체형을 잘 가려주는 아이템이 없는지 살펴본다. 영화 〈브리짓 존스의 일기〉에 등장하는 영국 중년 여성의 브랜드로 잘 알려져 있듯이, 막스 앤 스펜서에는 날렵하고 힙한 옷보다는 유행을 타지 않는 기본 아이템들이 많다. 그래서 가끔은 오래 두고 입을 수 있는 원피스나 스커트를 발견하는 행운을 누리기도 한다. 하지만 인파를 헤치고 셀프리지와 막스 앤 스펜서까지 한 바퀴 돌고 나면, 무엇을 사지 않았어도 기운이 쏙 빠질 때가 많다.

이럴 때 남아 있는 에너지를 모아 향하는 곳이 도심 속에 숨은 안식처, 월리스 컬렉션이다. 영국의 명문 귀족인 허트퍼드 후작Hertford marquesses 가문이 5대에 걸쳐 수집한 예술품을 전시한 미술관이다. 가문의 대가 끊기며 국가에 헌납되어 현재는 국립 미술관으로 운영되고 있다. 한 가문이 모았다고는 믿기 어려울 만큼 당대 최고 수준의 회화와 장식 예술품들이 엄선되어 있어서 제대로 보려면 제법 시간이 든다. 다만 내셔널 갤러리처럼 방대한 규모는 아니어서 부담 없이 둘러볼 수 있다. 프라고나르Jean-Honoré Fragonard나 부셰François Boucher의 작품처럼 우아한 로코코 회화, 프란스 할스Frans Hals를 비롯한 플랑드르 화가들의 유쾌한 명작들을 보고 있노라면 인파에 지쳤던 몸과 마음이 서서히 되살아난다. 미술관을 찬찬히 둘러볼 기운조차 없을 때는 저택 중정에 자리한 카페에서 영국식 애프터눈 티를 즐기다가 다시 전시실로 올라가도 좋다. 워낙 뛰어난 작품이 많아 이곳의 대표작을 한두 점으로 꼽기는 어렵지만, 관람객의 시선을 가장 강하게 끄는 작품을 들자면 장 오노레 프라고나르의 〈그네〉와 프란츠 할스의 〈웃는 기사〉일 것이다.

프라고나르의 〈그네〉는 이름이 전해지지 않는 프랑스 유력 귀족의 정부를 그린 작품으로 알려져 있다. 치마 속을 은근히

장 오노레 프라고나르, 〈그네〉, 1767, 캔버스에 유채

드러내며 그네를 타는 젊은 여인과, 풀숲 아래에서 이를 훔쳐 보는 젊은 남자의 시선이 절묘하게 교차하며 로코코 시대 특유의 퇴폐미와 유머를 보여준다.

이 작품이 은밀하고 유혹적인 매력을 지녔다면, 프란츠 할스의 〈웃는 기사〉는 보다 호방하고 유쾌한 인상을 남긴다. 화려한 색채와 레이스, 자수의 질감을 탁월하게 표현한 이 작품은 할스의 대표작 가운데서도 손꼽히는 수작으로 평가받는다. 이 그림을 두고 4대 허트퍼드 후작과 당대 자산가였던 제임스 드 로스차일드James de Rothschild가 치열한 경쟁을 벌였고,

프란스 할스, 〈웃는 기사〉, 1624, 캔버스에 유채

결국 허트퍼드 후작이 초기 예상가의 여섯 배에 달하는 금액을 지불해 손에 넣었다는 일화가 전해진다.

제국의 심장과 빅벤

아름다운 예술품이 모여 있고 문화유산이 거리마다 넘쳐나는 런던은 누가 뭐래도 한때 제국의 심장이었던 도시다. 세계 최초로 산업혁명을 이루어낸 국가의 수도로서, 19세기 대영제국의 위용이 지금도 곳곳에 남아 있다. 그래서인지 런던을 떠올리면 근육질의 남성이 연상되곤 한다. 그리고 그 근육을 가장 직접적으로 마주하고 싶다면 빅벤과 웨스트민스터로 가야 한다.

런던 지하철을 타고 웨스트민스터역 출구로 나오면 눈앞에 우뚝 선 빅벤이 가장 먼저 시선을 사로잡는다. 에펠탑이 파리를 상징한다면, 런던을 대표하는 이미지는 단연 빅벤일 것이다. 우리가 통상적으로 빅벤이라 부르는 탑은 엘리자베스 2세의 이름을 딴 엘리자베스 타워이고, 그 안에 있는 큰 종의 이름이 빅벤이다. 흥미롭게도 에펠탑이 철골 구조를 통해 프랑스의 산업화를 보여주었듯이 빅벤 역시 영국의 산업혁명 역사와 궤를 같이하고 있다.

산업혁명 이전 농업사회에서 인류는 해가 뜨고 지는 리듬에 맞춰 살아왔다. 해가 뜨면 하루를 시작하고, 해가 지면 일

빅벤으로 불리고 있는 엘리자베스 타워

을 멈추고 휴식에 들어갔다. 계절의 변화에 따라 씨를 뿌리고 수확했으며, 겨울에는 다음 해를 준비했다. 우리의 삶은 자연의 변화와 궤적을 함께 했다. 그러나 산업혁명이 일어나면서 삶의 패턴이 완전히 바뀌었다. 자연의 시간이 아니라 기계의 시간에 맞춰 살아가게 된 것이다. 공장에서 노동자들은 정해진 시각에 출근했고, 교대를 하고 점심을 먹고 시간이 되면 일을 마치고 퇴근해 집으로 돌아갔다. 새로운 삶의 규칙과 질서가 생겨났고, 그 중심에는 시계가 있었다.

사실 그 이전까지만 해도 영국은 지역마다 시간이 달랐다. 런던의 9시는 맨체스터나 리버풀의 9시와 같지 않았다. 농업 사회에서는 태양이 어디에 있는가에 따라 조금씩 달랐던 시간이 별 상관없었다. 그러나 증기기관이 개발되고 철도가 사람과 물류를 실어 나르기 시작하면서 문제가 되었다. 열차가 떠나는 시각과 도착하는 시각이 각 지역에 따라 달라서 물건을 주고받는 데 혼란이 생겼고 물류와 거래, 신뢰에 기반한 비즈니스 활동에도 차질이 생겼다. 이에 영국에서는 '통일된 시간'이 필요하다는 인식이 퍼지기 시작했다. 그렇게 철도에서 표준시 채택이 시작되었다. 1840년 그레이트 웨스턴 철도가 그리니치 평균시를 표준시로 채택했고 이후 대부분의 철도 회사가 이를 따랐다. 1850년대 중반이 되자 영국 전역 대부분의 시계가 그리니치 평균시에 맞춰졌고, 1859년에 세워진 빅벤이

커다란 시계판과 종소리를 통해 런던 시민들에게 시간을 알려주면서 '시계의 시대'가 도래했음을 알렸다.

금빛으로 빛나는 빅벤은 《80일간의 세계 일주》를 떠올리게 하는 낭만적인 시계탑에 그치지 않는다. 산업혁명의 성공을 상징하는 대영제국의 위상이자, 수세대에 걸쳐 인류의 일상을 완전히 바꿔놓은 '표준 시간' 개념의 시대를 의미한다. 그리고 우리가 살고 있는 지금, 시간은 국가가 관리하는 자원이자 질서가 되었다. 빅벤을 다시 한번 올려다보자. 이제는 단순히 황금빛으로 아름다운 시계탑이 아니라, 우리의 일상을 조용히 지배해온 질서의 권력이 보일 것이다.

웨스트민스터 궁전

엘리자베스 타워에 연결되어 있는 것이 현 영국 국회의사당 건물인 웨스트민스터 궁전이다. 빅벤을 보았다면 바로 옆에 있는 웨스트민스터 궁전을 그냥 지나칠 수 없을 것이다. 이름처럼 원래 왕궁이었던 웨스트민스터 궁전은 헨리 8세가 즉위하고 얼마 지나지 않은 1512년 큰 화재를 겪게 된다. 원래부터 낡고 으슬으슬하니 추운 이 궁전이 마음에 들지 않았던 헨리 8세는 엎어진 김에 쉬어 간다고, 화이트홀이라는 새로운 궁전으로 아예 거처를 옮겨졌다. 덩그러니 남겨진 웨스트민스터 궁전은 1530년대 이후부터 본격적으로 영국 의회의 의사당으로 쓰이기 시작했고, 이곳에서 근대 민주주의가 출발했다.

  정치학에서는 민주주의의 정치 제도를 크게 의원내각제와 대통령제로 구분한다. 우리나라나 미국은 대통령제를 채택하고 있지만, 영국과 캐나다 그리고 유럽의 많은 나라들은 의원내각제를 채택하고 있다. 역사적으로 보자면 의원내각제가 훨씬 오랜 전통을 지니고 있는데, 대통령제를 처음 시작한 나라가 미국이기 때문이다. 반면 근대적 의미의 대의 민주주의와 의회 제도를 시작해 그 명맥이 지금까지 이어지고 있는 국가가 바로 영국이다. 그리고 이 시작의 기준 1215년의 '마그

영국 국회의사당 건물인 웨스트민스터 궁전

나 카르타(대헌장)'이다.

몇십 년 전, 케빈 코스트너Kevin Costner가 주연을 맡은 영화 〈로빈 후드〉가 있었다. 영화의 하이라이트에서 홀연히 등장해 강렬한 인상을 남긴 인물은 숀 코너리Sean Connery가 연기한 사자왕 리처드 1세Richard I of England였다. 용맹함의 대명사였던 리처드 왕이 전장에서 허무하게 사망한 뒤, 그의 동생 존 John of England이 왕위를 이어받았다. 그러나 존 왕은 국민의 지지를 받지 못했고, 조카의 왕위를 빼앗았다는 오명에도 시달렸다. 아버지 헨리 2세Henry II of England와 형 리처드가 확보해두었던 프랑스 영토도 죄다 잃어버린 존 왕은 심지어 더 많은 세금을 걷으려고 나섰다. 참다 못한 귀족들은 1215년 반란을 일으켰고, 굴복한 존 왕은 귀족들이 제시한 마그나 카르타에 서명하게 된다.

1215년 6월 15일 서명된 마그나 카르타는 오늘날 우리가 생각하는 의미의 국민 권리를 보장하는 헌장이 아니다. 민주주의의 시작이라고 보기 어려운 것이다. 그보다는 폭주하는 국왕의 권력을 법적인 과정을 통해 견제하는 데에 방점을 두었다. 무소불위의 왕권에 대한 견제, 그리고 법적 절차에 대한 존중이 담겨 있다. 그런 의미에서 이후에 등장하는 권리청원과 권리장전, 더 나아가 미국 헌법 역시 마그나 카르타 정신에 기대고 있다.

웨스트민스터는 영국 의회의 의사당을 가리키는 이름이기도 하지만, 의원내각제를 일컫는 대명사로도 사용된다. 영어로 의원내각제는 팔러멘터리 시스템parliamentary system이라고 불리지만, 웨스트민스터 시스템Westminster system이라고도 한다. 의원내각제의 시발점이자 대의 민주주의를 상징하는 제도가 이곳 웨스트민스터에서 비롯되었기 때문이다. 영국인들이 자국의 정치 시스템에 부심을 가질 만도 하다.

오랜 역사를 지닌 만큼 영국 의회에는 흥미로운 관례들이 많다. 상원과 하원으로 구성되어 있지만, 실질적인 권한의 대부분은 하원에 있다. 각 지역구에서 선출된 의원들로 구성된 하원에서는 의원의 이름을 직접적으로 부르지 않는다. 예를 들어 성이 '클라크'인 의원을 미스터 클라크나 미세스 클라크라고 부르면 안 된다. 그 의원의 지역구를 붙여 'The Honourable Member / Gentleman / Lady for 지역구 이름'과 같이 불러야 한다. 의회에서는 논쟁이 격해질 수도 있는데, 개인에 대한 공격이나 인신공격으로 흐르지 않도록 하기 위함이다. 더불어 한 지역을 대표하는 의원에 대한 존중의 표현이라고 할 수 있다.

매년 의회가 개원할 때면 '블랙 로드'라 불리는 국왕의 전령이 하원 회의장으로 향한다. 국왕의 신년 연설이 상원 회의장에서 곧 시작되니 연설을 들으러 오라고 하원의원들을 호출하기 위해서다. (참고로 국왕은 1642년 찰스 1세가 하원에 난입해 의원 체포를 시도한 사건 이후로 하원 영구 출입금지를 당해 들어올 수 없다.) 블랙 로드가 하원 문 앞에 도착하면, 하원의원들은 예의라고는 모르는 듯 그의 코앞에서 문을 쾅 하고 세게 닫는다. 블랙 로드가 들고 있는 지팡이로 닫힌 문을 세 번 두드리면 그제서야 문을 열어주는데, 이는 왕의 전령이라 해도 하원에는 마음대로 들어올 수 없다는 사실을 상징하는 행위다. 하원은 그만큼 독립적인 공간이다. 하원에서 새로운 의장이 선출되면, 의장은 동료 의원들에게 양팔을 붙잡힌 채 의장석으로 끌려가는 모습을 연출한다. 과거에는 의회가 국왕의 마음에 안 드는 행동을 하면 국왕이 의장을 잡아다 처형하기도 했기 때문에, 의장 자리는 꽤나 위험한 직책이기도 했다. 당연히 아무도 의장을 하고 싶어하지 않았기에 억지로 등 떠밀려 맡는 직책이라는 점을 유머러스하게 표현한 퍼포먼스다.

하원 회의장에서는 의장석을 바라보았을 때 왼쪽에 여당 의원, 오른쪽에 야당 의원이 앉는다. 여당 대표인 총리와 내각 장관들은 왼쪽 벤치 맨 앞자리에 앉는다. 주요 인물이기 때문이기도 하지만, 의원들의 질의에 즉각 답변하고 논쟁에 참여하기 위해서다. 특히 매주 수요일에는 총리가 직접 출석해 의원들과 질의응답을 벌이는 프라임 미니스터스 퀘스천스Prime Minister's Questions, PMQs가 열린다. 회기 중 일주일에 한 번은

반드시 총리가 국회의사당에 모습을 드러내야 하는 셈이다. 단언컨대 가장 흥미롭고 생생한 정치 논쟁 시간은 PMQs다. 유튜브에도 많이 올라와 있는 영상들을 보다 보면, 영국 총리라는 직책이 결코 만만한 자리가 아니라는 걸 알 수 있다.

회의장 바닥에는 여당과 야당 의원들이 앉는 벤치 사이에 붉은 선이 그어져 있는 것을 볼 수 있다. 토론이 아무리 격해져도 의원들은 이 붉은 선을 절대로 넘어서는 안 된다. 두 선 사이의 거리는 정확히 칼 두 자루의 길이인데, 과거 칼을 차고 다니던 의원들이 흥분해 칼을 뽑아 들고 싸우는 사태를 막기 위해 그려진 선이다. 화가 난다고 이를 어기고 달려든다면, 그야말로 '선 넘는' 행위를 하는 셈이다.

오늘날의 시각에서 보면 웃음이 나올 법한 관례들이지만, 그 모든 것을 여전히 지켜오고 있다는 점이야말로 영국의 매력이다. 프랑스에서 대혁명의 불길이 타오르던 시기에 "우리는 저렇게 하지 말자"라고 경고했던 에드먼드 버크Edmund Burke의 나라답다. 이 모든 것이 전통이자 역사이며, 영국이 자랑스러워하는 대영제국의 유산이다.

웨스트민스터 사원

웨스트민스터라는 이름을 가진 또 하나의 역사적 건물로 웨스트민스터 사원이 있다. 흥미로운 점은 이 사원의 대대적인 재건에 나선 이가 바로 역사에서 무능하고 실패한 왕으로 기록된 존왕의 아들인 헨리 3세Henry III of England라는 점이다. 헨리 3세는 아버지가 무너뜨린 왕가의 권위를 다시 세우고자 결심했고, 그 작업의 일환이 웨스트민스터 사원의 재건이었다.

고딕 양식의 정수를 담은 이 사원은 1066년 정복왕 윌리엄 William the Conqueror의 대관식을 시작으로 거의 모든 영국 국왕의 대관식을 거행해온 가장 권위 있는 장소다. 뿐만 아니라 왕가의 결혼식과 장례식 등 국가적으로 중요한 행사의 상당수가 이곳에서 열린다. 윌리엄 왕세자Prince William of Wales와 케이트 미들턴 왕세자비Catherine Middleton의 결혼식도 이 웨스

웨스트민스터 사원

트민스터 사원에서 거행됐다. 사원 안에는 수많은 왕과 왕비들의 무덤이 있고, 영국의 문화·예술·학문·정치에 큰 기여를 한 이들의 묘나 기념비 역시 이곳에 있다. 찰스 디킨스Charles Dickens, T. S. 엘리엇T. S. Eliot, 아이작 뉴턴Isaac Newton, 찰스 다윈Charles Darwin, 그리고 스티븐 호킹Stephen Hawking이 대표적인 인물들이다. 그러나 무엇보다 눈길을 끈 것은 무명용사의 무덤이다. 제1차 세계대전 전몰 병사들을 기리는 이 무덤은 그 어떤 장소보다 비장하다. 제국의 힘은 이런 데서 나온다. 국가를 위해 자신을 희생한 이들을 기억해주는 것. 그 어떤 왕족보다 나라에 목숨을 바친 이들을 기억하는 일을 중요하게 여긴다.

앤 불린은 어디쯤에서 사형당했을까

런던의 구석구석을 다 사랑하지만, 가장 매력적인 곳은 런던탑이 아닐까 생각한다. 어릴 때 탐독했던 역사서 한구석에 꼭 등장하는 런던탑. 말만 들어도 무시무시하게 느껴지는 그곳은 언젠가 런던에 가면 가장 먼저 들르겠다고 결심했던 장소이기도 하다. 런던탑은 정복왕 윌리엄이 1066년 런던을 정복한 후 세운 거대한 요새에서 출발했다. 여기서 잠깐, 영국 왕이 런던을 정복한다는 게 무슨 말인지 짚고 넘어가겠다.

윌리엄 1세는 노르망디 공국에서 태어난 프랑스계 인물이다. 지금처럼 국가 개념이 없었던 당시, 후사 없이 죽은 에드워드 참회왕Edward the Confessor이 자신에게 왕위를 약속했다며 왕위를 내놓으라고 침공해 잉글랜드를 차지한 인물이 윌리엄이다. 그래서 사람들은 그를 '정복왕'이라 부른다. 이후 잉글랜드는 앵글로색슨이 아니라 노르만이 지배하는 나라가 되었다. 그런데 '요새'라면 도시를 지키기 위해 외곽이나 도시의 경계에 세워져야 하지 않을까? 왜 런던탑은 런던 중심에 세워져 있을까?

런던탑이 도시 안에 세워져 있는 이유는 요새를 세운 목적

템즈강 건너의 런던탑

이 외적으로부터의 방어가 아니기 때문이다. 런던탑은 외지인이었던 윌리엄 1세가 런던 시민에게 '이곳에서 정복자가 너희를 지켜보고 있다'는 강력한 메시지를 전달하고자 세운 건물이다. 앵글로색슨이 노르만에게 정복당했음을 상기시키고, 혹여 불만을 품는 이들은 감시하고 처단하겠다는 무시무시한 왕의 메시지다. 그래서 이 탑의 성벽은 도시를 향한 방어선이 더 위압적으로 보이도록 세워졌다.

시간이 지나면서 런던탑은 다양한 목적으로 쓰였다. 탑은 요새일 뿐 아니라 왕의 거처이기도 했다. 국방과 행정이 이루어지는 곳이었고 때로는 왕의 대피 장소였다. 병영으로 쓰이거나 왕실의 보석 금고로 사용되었다. 우리에게 익숙한 영국의 왕관과 빛나는 보석을 실제로 볼 수 있는 곳이다. 그리고 잘 알려져 있다시피 악명 높은 감옥이기도 했다. 런던탑은 증축을 거치며 용도가 다양해졌으며 그중 가장 근본이 되는 곳은 화이트 타워다. 윌리엄 1세가 세운 타워이며 현재는 역대 왕의 갑옷이나 무기를 전시하고 있다. 무기 전시관에 가면 왕들의 갑옷이 전시되어 있는데, 풍채가 좋다 못해 초고도 비만이었던 헨리 8세Henry VIII of England의 갑옷을 보면 고개가 갸우뚱해진다. 내가 아는 그는 도저히 저 안에 들어갈 수 없을 것 같아서다.

블러디 타워는 13세기 헨리 3세 무렵에 세워졌다. 원래 이름은 가든 타워였고 16세기 이후 블러디 타워로 이름이 바뀌었다. 이름처럼 피비린내 나는 역사를 지니고 있기 때문이다. 가장 유명한 이야기는 에드워드 5세Edward V of England와 그의 동생 리처드 요크 공Richard of Shrewsbury의 실종 사건이다. 에드워드 4세Edward IV of England가 사망한 뒤 왕위에 오르게 된 아들 에드워드 5세는 겨우 열두 살의 어린 왕이었다. 동생인 요크 공은 아홉 살밖에 되지 않았다.

어느 날 삼촌인 리처드 글로스터 공작Richard, Duke of Gloucester이 에드워드 5세의 대관식을 준비해야 한다며 두 어린 왕자들을 런던탑으로 데리고 갔다. 그리고 이날 이후 그들은 런던탑 밖으로 나오지 못했다. 그들이 런던탑으로 가자마자 삼촌인 글로스터 공은 죽은 에드워드 4세Edward IV의 결혼은 무효이며 두 왕자는 왕위 계승권이 없는 사생아라고 주장했기 때문이다. 의회에 의해 이 주장이 받아들여지고, 왕자들은 왕위 계승권을 상실한다. 그리고 다음 상속권자인 글로스터 공이 왕위에 오르면서 리처드 3세Richard III가 된다. 가끔은 창가에서 얼굴을 볼 수 있었던 두 왕자는 어느 순간부터인가 자취를 감추었고, 리처드 3세가 조카들을 살해했다는 소문이 무성하게 돌았다. 조선왕조의 단종과 세조의 이야기와 판박이인 셈이다.

두 어린 왕자들의 슬픈 이야기는 윌리엄 셰익스피어William

존 에버렛 밀레이, 〈탑 속의 왕자들〉, 1878, 캔버스에 유채

Shakespeare의 희곡 〈리처드 3세〉에도 등장하고, 라파엘 전파 화가인 존 에버렛 밀레이John Everett Millais의 〈탑 속의 왕자들〉에도 등장한다. 1674년 런던탑 계단 아래에서 어린아이 두 명의 유골이 발견되었는데, 당시 왕이었던 찰스 2세Charles II가 왕자들의 것이라 여기고 웨스트민스터 사원에 안치했다. 사실 런던탑이 이렇게 무시무시한 명성을 갖게 된 데에는 헨리 8세 Henry VIII가 차지하는 지분이 크다. 헨리 8세 이전에는 고관 대작들이 잠시 머물다 가는 유배 감옥의 성격이 강했다. 야망 넘치고 변덕은 더 넘쳤던 이 젊은 왕은 자신에게 반대하는 수많은 귀족이나 성직자, 심지어 두 명의 부인들까지 이곳에 가둔 뒤 처형해버렸다.

블러디 타워 이야기와 헨리 8세 시절의 폭풍 같은 역사를 좋아하고 드라마 〈튜더스〉에 빠진 적이 있다면 '배신자의 문'이라 불리는 수문을 놓치면 안 된다. 템스강에서 이어지는 이곳은 원래 왕실 인사들이 눈에 띄지 않게 런던탑으로 들어오는 왕실용 수문이었다. 시간이 지나 런던탑이 반역자나 정치범들의 감옥이 되며 이곳은 죄수들을 은밀하게 배에 태워 들여보내는 문이 되었다. 수많은 정치범과 종교개혁에 반대하던 성직자들, 우리가 잘 아는 앤 불린, 헨리 8세 시대 대법관이자 《유토피아》의 저자 토머스 모어Thomas More까지 모두 이 수문을 통해 런던탑으로 들어가게 된다.

그 역사를 알고 봐서인지, 낮은 아치형으로 된 입구와 쇠창살 철문이 유난히 무시무시하게 느껴진다. 배를 타고 입구를 지나 철문이 철커덩대며 내려갈 때, 죄수들이 느꼈을 공포는 짐작조차 되지 않는다. 실제로 이 문을 통해 런던탑으로 들어온 죄수들은 살아나가기 어려웠다는 이야기도 전해진다. 하지만 예외는 있다. 바로 엘리자베스 1세다. 엘리자베스 1세는 언니인 메리 1세Mary I 시절, 모반에 엮여 배신자의 문을 통해 들어와 런던탑에 유배되었다. 실제 처형도 거론되었지만 다행히 살아남아 훗날 여왕의 자리까지 올랐다.

역사를 되짚어가며 런던을 거닐다 보면 연속성의 힘이 얼마나 대단한 것인지 새삼 깨닫게 된다. 영국은 정복왕 윌리엄 이후 중세부터 현대에 이르기까지 주권을 빼앗기거나 외세에 의해 정복당한 경험이 거의 없다. 그래서일까? 이 나라의 수도 런던에서는 단절을 거의 느끼지 못한다. 역사가 숨결처럼 자연스럽게 흐르고 있어, 거리를 걷는 일이 마치 하나의 연대기 위를 거니는 듯한 느낌이 든다. 물론 '런더너'들과 영국인들의 유별난 전통에 대한 애정이 이런 분위기를 만드는 데 한몫했을 것이다. 우스꽝스러워 보이는 전통까지 지켜가며 현재와 과거를 연결 짓고 대영제국에 대한 자부심을 드러내는 이들이, 솔직히 조금은 부럽다.

런던에서 문화 즐기기

런던의 저녁 일정은 따로 고민할 필요가 없다. 웨스트엔드의 극장에서는 브로드웨이에 버금가는 다양한 뮤지컬과 연극이 상연되고 있고, 코벤트 가든으로 옮겨가면 로열 오페라 하우스나 로열 발레단의 공연을 즐길 수 있다. 또 위그모어 홀에 가면 세계적인 연주자들의 무대가 이어진다. 취향에 맞는 공연을 고르면 된다. 그러나 여행길에 굳이 긴 시간을 공연장에 앉아 있는 것이 부담스럽거나 조금은 경건한 기분으로 하루를 마무리하고 싶다면 세인트 마틴 인 더 필즈에서 실내악을 듣는 것을 권한다.

세인트 마틴 인 더 필즈는 트라팔가 광장과 내셔널 갤러리 맞은편에 자리한 성공회 교회인데 지금의 건물은 1720년대에 지어졌다. 이 교회는 런던을 상징하는 장소 가운데 하나이며 여러 영화와 소설에도 등장한다. 1850년에 발표된 찰스 디킨스의 《데이비드 코퍼필드》나 E. M. 포스터E. M. Forster의 《전망 좋은 방》에도 이 교회가 언급된다. 이곳으로 사람들을 불러 모으는 요소 가운데 하나는 점심이나 저녁 시간에 열리는 소규모 음악회다. '아카데미 오브 세인트 마틴 인 더 필즈' 실내 관현악단은 1959년 이 교회에서 첫 연주를 한 인연으로, 교회의 이름을 그대로 가져와 오케스트라 명칭으로 삼았다. 저녁 공연은 흔히 캔들라이트 공연이라 불린다. 아담한 예배

세인트 마틴 인 더 필즈

석에서 듣는 실내악이나 합창은 대형 공연장과는 또 다른 깊은 여운을 남긴다. 세인트 마틴 인 더 필즈의 공연 정보는 교회 공식 홈페이지에서 확인할 수 있으며 공연은 주로 금·토·일에 열리고, 낮 공연과 저녁 공연이 있으니 일정에 맞춰 미리 예매해두면 좋다.

한편 영국 하이 스트리트 특유의 세련되고 개성 강한 상점과 식당들을 만나고 싶은 경우 리젠츠 파크를 지나 매릴본 스트리트를 따라 걸어 내려오면 된다. 이탈리아에서 들여온 색색의 가죽을 활용한 소품 가게나 일본풍을 가미한 카페 등 다른 곳에서는 보기 힘든 감각적인 가게들이 줄지어 있다. 다만 아름다운 만큼 가격표 역시 만만치 않다. 끊임없이 솟아오르는 견물생심에 괴로운 마음이 들면 서점에 들어가 시간을 보내는 것도 좋은 선택이다. 매릴본에는 런던을 대표하는 독립 서점인 돈트 북스가 있다. 이 서점이 문을 연 것은 1990년으로 아주 오래된 역사를 지닌 곳은 아니다. 그럼에도 대형 체인 서점과 온라인 서점의 공세, 나아가 책을 점점 덜 읽는 시대의 흐름 속에서 30여 년간 버텨왔다는 사실만으로도 박수를 보내고 싶다. 주제별로 섹션을 나누어 책을 진열해두었고 스코틀랜드와 같은 지역 섹션에는 한국에서는 좀처럼 구하기 힘든 여행서나 역사서들이 비교적 충실하게 갖춰져 있다. 서점 내부는 적당히 아늑하면서도 활기가 있어 부담 없이 책장을 넘기고 책을 꺼내 보기 좋다. 굳이 영어 책을 살 생각이 아니어도 토트백 같은 기념품을 구경하는 재미가 있다. 이곳의 토트백은 인기가 높아 한국에서도 들고 다니는 사람을 심심치 않게 보게 되는데, 색상과 크기가 다양해 고르는 재미가 쏠쏠하다.

지윤 on

시간이 허락한다면 피카딜리 서커스 근처의 저민 스트리트에 가보는 것도 즐겁다. 남성복 전문 거리로 유명한 이곳의 상점들을 구경하는 중에 금방이라도 영화 〈킹스맨〉의 슈트를 차려 입은 주인공들이 문을 박차고 나올 것만 같다. 드레스 셔츠와 수제 구두, 우산과 모자까지 보는 재미만으로도 시간이 훌쩍 지나간다. 살인적인 물가와 집값으로 악명 높은 런던에서도 이른바 '찐부자 동네'라 불리는 첼시와 나이츠브리지 주택가를 거닐어 보는 일은 꽤 흥미롭다. 해러즈 백화점이 자리한 나이츠브리지는 적갈색 벽돌의 빅토리안 타운하우스들이 줄지어 서 있고, 첼시는 조지안 양식의 주택들이 만들어내는 단정하고 여유로운 분위기가 인상적이다. 골목 사이사이에 숨어 있는 작은 카페에 들르는 재미도 쏠쏠하다. 이 지역에 머문다면 프랭클린 런던 같은 부티크 호텔을 선택하는 것도 런던을 즐기는 한 가지 방법이다. 빅토리안 타운하우스를 개조한 이 호텔은 조용하고 절제된 분위기 속에서 런던의 일상을 가까이에서 체감하게 해준다. 화려함을 과시하기보다는 이 동네의 리듬에 자연스럽게 스며드는 숙소다. 여름의 런던은 해가 늦게 져서 공연을 보고 나와도 하늘에 아직 푸른빛이 남아 있다. 숙소로 돌아가는 길, 맥주 한 잔을 앞에 두고 하루를 천천히 되짚을 시간이 아직 남아 있다는 사실이 묘한 평안으로 다가온다. 런던은 그렇게, 하루를 쉽게 끝내지 않게 만드는 도시다.

모든 사람의 여행은 저마다 다른 모습이다

"숲속에 두 갈래 길이 나 있었다.

나는 사람들이 적게 다닌 길을 택했다.

그리고 그로 인해 모든 것은 달라졌다."

내가 가장 사랑하는 미국 시인 로버트 프로스트가 쓴 〈가지 않은 길〉의 유명한 구절이다. 이 시를 사랑하지만, 시의 내용과 달리 내가 택하는 길들은 전부터 수많은 사람이 걸어서 파이고 다져진 길들이다. 나는 그 길들을 걸으며 이전에 걸었던 이들이 남긴 흔적에 대해 생각하기를 좋아한다. 길을 걷다가 잠시 멈춰 서서 도시의 담벼락에 휘갈겨진 낙서들과 쇼윈도 구석에 놓인 도자기 인형에 앉은 더께를 들여다보며, 스쳐간 손길들을 상상해보는 것이다.

도시를 오가며 겪은 경험과 그 과정에서 떠올랐던 여러 상념을 나누는 글을 쓰고 싶었다. 그렇게 지윤이와 뜻을 모은 것이 2024년 11월이었다. 고민과 토론을 거쳐 여덟 개의 도시를 정했다. 대부분 출장과 여행으로 열 번 이상 다닌 도시들이다. 보고 듣고 읽었던 것들을 합하면 천일야화 같은 책이 나올 것 같았는데, 막상 기억을 되살려 글을 쓰려 하니 좀처럼 쉽지 않았다. 수십 년을 살아온 서울에 대해서도 이야기를 펼치려면 막막한데, 고작 십여 번 다녀온 곳에 대해 어떤 이야기를 할 수 있을까? 그간 모아두었던 사진과 메모, 미술관 도록들을 다시 꺼내어 찬찬히 살펴보았다. 나의 기억을 다시 맞추어 보는 그 과정이 또 한 번의 여행과 같았다. 나는 도시를 어떻게 탐험했고, 또 어떻게 기억하는 것일까?

이 책을 쓰는 도중에 암스테르담, 런던, 교토, 상하이는 다시 다녀올 기회가 생겼다. 쓰고 있던 내용과 관련된 사진도 촬영하고 확인이 어려웠던 세부적인 부분들을 살펴보려는 게 원래의 계획이었는데, 도시를 거닐다 보니 또 다른 새로운 만남이 생기기 마련이었다.

암스테르담에서는 로열 콘세르트헤바우의 공연을 즐기며 하이네켄 맥주 한 잔에 행복해졌고, 교토 골목길의 작은 카페에서 마신 향긋하고 깔끔한 커피가 책의 한 단락으로 끼어들었다. 이렇게 나는 또 새로운 이야기를 잔뜩 안고 돌아오게 되었다.

도시는 끊임없이 허물을 벗으며 새로운 모습을 보여준다. 그러나 그 본체에는 유구한 역사가 남아 있다. 이렇게 많은 이야기를 간직한 도시들, 그것도 여덟 개 도시에 관한 이야기를 쓰려고 한 것은 과욕이었을까? 막상 글을 풀어내기 시작하면서 마주한 고민은 덜어낼 부분을 찾고, 남길 부분에 대한 확신을 얻는 것이었다.

피렌체에 대해 무엇을 이야기할지 며칠을 고민하다가 산마르코 수도원과 그곳을 이끈 수도승 사보나롤라Girolamo Savonarola의 이야기를 해보리라 마음을 굳혔으나, 관광객이 넘쳐 나고 SNS마다 두오모의 사진이 수천만 장 올라와 있는 이 과잉 정보의 시대에 무엇을 더할 수 있을지 스스로에게 묻지 않을 수 없었다.

모든 사람의 여행은 저마다 다른 모습이며, 한 사람이 같은 도시에 다시 갔을 때 얻는 경험도 매번 달라지기 마련이다. 더욱이 웅대한 도시들을 경험하는 방법은 셀 수 없이 다양할 것이다. 이 책에 담긴 내용은 여행자가 경험할 수 있는 아주 작고 찰나적인 부분일 뿐이다. 하지만 누군가의 여행길이 이 책으로 좀 더 즐거워지고, 도시를 바라보는 시각이 더 넓어지고 따스해지기를 바라는 마음, 나아가 다음 여행길이 더 풍성해지기를 바라며 이 책을 쓰게 되었다. 낯선 도시를 돌아다니며 얻은 지식이 엄청나게 새롭거나 대단한 것이 아닐지도 모른다.

그럴 땐 알랭 드 보통이 《여행의 기술》에서 말했듯 "우리 삶을 고양시킬 아주 작은 생각들을 가지고 돌아오기 위해" 여행을 계속해나가자.

2026년 2월, 전은환

그럴 땐 알랭 드 보통이 《여행의 기술》에서 말했듯 "우리 삶을 고양시킬 아주 작은 생각들을 가지고 돌아오기 위해" 여행을 계속해나가자.

참고문헌

——— **1장**

《피렌체 사람들 이야기》, 폴 스트래던 지음, 이종인 옮김, 책과함께, 2023.
《르네상스 미술가 평전 2》, 조르조 바사리 지음, 이근배 옮김, 한길사, 2018.
《메디치 가문 이야기》, G. F. 영 지음, 이길상 옮김, 현대지성, 2017.
Love, F. "Santa Maria Novella Station: Resituating Florence's Station in its Fascist Context." Shorthand Stories. https://global-studies. shorthandstories.com/santa-maria-novella-station-resituating-florences-station-in-its-fascist-context/index.html
우피치 미술관 홈페이지(Le Gallerie degli Uffizi): https://www.uffizi.it/en.
Satkowski, L. (1983). The Palazzo Pitti: Planning and use in the Grand-Ducal era. Journal of the Society of Architectural Historians, 42(4), 336-349.

——— **2장**

《메이지라는 시대 1》, 도널드 킨 지음, 김유동 옮김, 서커스, 2017.
《교토 사원문화 기행》, 윤병모 지음, 학연문화사, 2023.
《나의 문화유산답사기 일본편 3: 교토의 역사》, 유홍준 지음, 창비, 2013.
《나의 문화유산답사기 일본편 4: 교토의 명찰과 정원》, 유홍준 지음, 창비, 2014.
《금각사》, 미시마 유키오 지음, 허호 옮김, 웅진지식하우스, 2017

《게이샤의 추억》, 아서 골든 지음, 임정희 옮김, 현대문화센타, 2005.
〈일본 전근대도시의 연구 현황: '천년 고도' 교토를 중심으로〉, 박진한, 《역사학
　　보》 207, 405-436쪽, 2010.
Kyoto Travel, Gion manner (Message from Southern Gionmachi), 2025.
　　https://kyoto.travel/ko/responsible-travel/gion-manner-message-
　　from-southern-gionmachi/

─────── 3장

《L'Enfant's Legacy: Public Open Spaces in Washington, D.C.》, Michael J.
　　Bednar, Johns Hopkins University Press, 2006.
필립스컬렉션 홈페이지(The Phillips Collection) https://www.
　　phillipscollection.org/.
Bigler, Philip, 〈Washington Monument | History, Height, Dimensions,
　　Date, & Facts〉, Encyclopedia Britannica, 2026년 1월 15일. https://www.
　　britannica.com/topic/Washington-Monument-Washington-DC
Laban, L., & Arutyunova, S., 〈The Surprising History Behind the Lincoln
　　Memorial〉, National Geographic History, 2025년 5월 22일. https://
　　www.nationalgeographic.com/history/article/the-surprising-history-
　　behind-the-lincoln-memorial
Smithsonian Institution, 〈A Brief History of the Smithsonian Institution〉,
　　Smithsonian Institution. https://www.si.edu/newsdesk/factsheets/
　　brief-history-smithsonian-institution. (주소 확인)
〈공사관의 역사〉, 주미대한제국공사관. https://oldkoreanlegation.org/about/
　　welcome/
Korean Heritage, 〈Interview: Restoration of the Old Korean Legation〉, 국
　　외소재문화유산재단, 2018년 5월 21일. http://www.koreanheritage.kr/
　　interview/view.jsp?articleNo=70

─────── 4장

《비운의 여인, 스코틀랜드의 여왕 메리》, 캐릴 섀퍼 지음, 전일휘 옮김, 가람기
　　획, 2006.
《카트린 드 메디치: 검은 베일 속의 백합》, 장 오리외 지음, 이재형 옮김, 들녘,
　　2005.
《스코틀랜드 역사 이야기》(전 4권), 월터 스콧 지음, 이수잔 옮김, 현대지성,

2021.

《싱글몰트위스키 바이블》, 유성운 지음, 위즈덤스타일, 2013.

《Elizabeth and Mary: Cousins, Rivals, Queens》, Dunn, Jane, Alfred A. Knopf, 2004.

에든버러성 홈페이지(Edinburgh Castle): https://www.edinburghcastle.scot.

스코틀랜드 국립미술관 홈페이지(National Galleries of Scotland): https://www.nationalgalleries.org.

──────── 5장

《A Short History of Amsterdam》, Richter Roegholt, Bekking & Blitz, 2010.

《도시와 예술》, 캐럴라인 캠벨 지음, 황성연 옮김, 21세기북스, 2024.

《Amsterdam: A History of the World's Most Liberal City》, Russell Shorto 지음, Vintage Books, 2013.

《세계 최초의 증권거래소: 가장 유용하고 공정하며 고귀한 사업의 역사》, 로데베이크 페트람 지음, 조진서 옮김, 이콘, 2016.

《대항해 시대: 해상 팽창과 근대 세계의 형성》, 주경철 지음, 서울대학교출판문화원, 2008.

〈인터뷰: 돈키호테가 정신 나간 괴짜라고? 천만에!〉, 전병근, 《조선비즈》, 2014년 12월 12일.

──────── 6장

《1941년, 챔피언의 날: 옛 상하이의 종말》, 제임스 카터 지음, 신기섭 옮김, 마르코폴로, 2023.

《상하이의 유대인 제국》, 조너선 카우프만 지음, 최파일 옮김, 생각의힘, 2023.

《아이링, 칭링, 메이링》, 장융 지음, 이옥지 옮김, 까치, 2021.

《상하이 폭스트롯》, 무스잉 지음, 강영희 옮김, 휴머니스트, 2024.

〈Shanghai Pushes China's Coffee Industry to Nearly $40b〉, Qi, H., 《China Daily》, 2024년 5월 1일.

〈Shanghai Just Loves to Smell the Coffee〉, Qi, H., 《China Daily》, 2021년 4월 19일.

──────── 7장

《파리의 발명: 낭만적 도시의 탄생》, 에리크 아장 지음, 진영민 옮김, 글항아리,

2024.

《Gustave Caillebotte: Painting the Paris of Naturalism 1872-1887》, Michael Marrinan, Getty Research Institute, 2017.

《Building the Louvre》, Guillaume Fonkenell, Musée du Louvre Editions, 2018.

《발터 벤야민과 아케이드 프로젝트》, 수전 벅 모스 지음, 김정아 옮김, 문학동네, 2004.

〈Art History and Art Politics: The Museum According to Orsay〉, Sherman, Daniel J., 《Oxford Art Journal》 13(2), 1990, 55-67쪽

〈History of the Musée d'Orsay: From Railway Station to Art Landmark〉, 《Musée d'Orsay》, n.d. https://www.musee-orsay.fr/en

〈History of the Louvre Museum, Paris〉, Marsh, J., 《The Good Life France》, 2025년 1월 16일. https://thegoodlifefrance.com/history-of-the-louvre-museum-paris/

〈Museums and Politics: the Louvre, Paris〉, Rodini, E., 《Smarthistory》, n.d. https://smarthistory.org/museums-politic-louvre/

〈Legends, Laws, and Lengthy Loaves: French Baguette History〉, 《The Good Life France》, 2021년 6월 19일. https://thegoodlifefrance.com/legends-laws-and-lengthy-loaves-french-baguette-history/

〈The French Baguette Is Granted UNESCO World Heritage Status〉, Porter, C., & Méheut, C., 《The New York Times》, 2022년 11월 30일. https://www.nytimes.com/2022/11/30/world/europe/france-baguette-unesco.html

오르세 미술관 홈페이지(Musée d'Orsay): https://www.musee-orsay.fr/en.

루브르 박물관 홈페이지(Musée du Louvre): https://www.louvre.fr.

───── **8장**

《John Singer Sargent: His Life and Works in 500 Images》, Susie Hodge, Lorenz Books, 2023.

《The Wallace Collection》, Scala Arts Publishers, 2006.

《Elizabeth and Mary: Cousins, Rivals, Queens》, Jane Dunn, Alfred A. Knopf, 2004.

〈Big Ben | History, Renovation, & Facts〉, Betts, D. J., Encyclopedia Britannica, 2026년 1월 4일. https://www.britannica.com/topic/Big-

Ben-clock-London

〈Anne Boleyn, Beefeaters, Guy Fawkes and the Princes: A Brief History of the Tower of London〉, Borman, Tracy, HistoryExtra, 2024년 10월 20일. https://www.historyextra.com/period/victorian/anne-boleyn-guy-fawkes-and-the-princes-a-brief-history-of-the-tower-of-london/

〈Using the Past to Help Us to Understand the Future of the Palace of Westminster〉, Meakin, Alexandra, The History of Parliament Trust, 2021.

〈Nine of Parliament's Most Weird and Wonderful Traditions〉, BBC Bitesize, 2025년 3월 20일. https://www.bbc.co.uk/bitesize/articles/zb736v4

〈Parliament's Secret Rules -- And What Happens When You Break One〉, Evan Edinger (Video), YouTube, 2025년 7월 20일. https://www.youtube.com/watch?v=_4CvKcatUHM4

〈The Princes in the Tower〉, Historic Royal Palaces, 2026년 1월 19일. https://www.hrp.org.uk/tower-of-london/history-and-stories/the-princes-in-the-tower/

배터시 파워스테이션 홈페이지 / Battersea Power Station: https://batterseapowerstation.co.uk/.

세인트 마틴 인 더 필즈 교회 홈페이지 / St. Martin-in-the-Fields: https://www.stmartin-in-the-fields.org/.

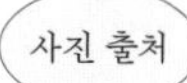

─────── **1장**

cathedral church Santa Maria del Fiore, @Neirfy, shutterstock

산타마리아 노벨라 기차역, @V_E, shutterstock

프라 안젤리코, 〈수태고지〉, Wikimedia Commons

베노초 고촐리, 동방박사들의 행렬, Wikimedia Commons

산드로 보티첼리, 〈찬가의 성모〉, Wikimedia Commons

티치아노 베첼리오, 〈참회하는 막달라 마리아〉, Wikimedia Commons

─────── **2장**

우타가와 요시토라, 〈오닌의 난〉, Wikimedia Commons

금각사, @Wangkun Jia, shutterstock

─────── **3장**

USA Capitol @Volodymyr TVERDOKHLIB, Wikimedia Commons

연방의사당, @Lane V. Erickson, shutterstock

국립자연사박물관, @Walt Bilous, shutterstock

레오나르도 다 빈치, 〈지네브라 데 벤치〉, Wikimedia Commons

얀 반 에이크, 〈수태고지〉, Wikimedia Commons

메리 카사트, 〈바닷가에서 노는 아이들〉, Wikimedia Commons

─────── **4장**

Edinburgh Scotland, @RuslanKphoto, shutterstock
메리 스튜어트 여왕 초상화, Wikimedia Commons
엘리자베스 1세 초상화, Wikimedia Commons
헨리 래번경, 〈스케이트 타는 로버트 워커 목사〉, Wikimedia Commons
에드윈 헨리 랜드시어, 〈고원의 왕족〉, Wikimedia Commons

─────── **5장**

Amsterdam, @Richie Chan, shutterstock
〈필립 1세의 초상〉, Wikimedia Commons
요하네스 베르메르, 〈우유 따르는 하녀〉, Wikimedia Commons
〈안식일에 회당 밖에 모인 유대인들〉, Wikimedia Commons

─────── **6장**

Shanghai under the blue sky @Photo Hedge, shutterstock
우캉맨션, @Jo Panuwat D, shutterstock

─────── **7장**

Arc de Triomphe in Paris, @givaga, shutterstock
오르세 박물관, @Neirfy, shutterstock
빈센트 반 고흐, 〈가셰 박사의 초상〉, Wikimedia Commons
구스타브 카유보트, 〈보트 타는 사람들〉, Wikimedia Commons 퐁뇌프 다리,
    @Neirfy, shutterstock
〈루브르 박물관 내 갤러리〉, Wikimedia Commons
오페라 가르니에 @Kirill Neiezhmakov, shutterstock

─────── **8장**

Historic Bridge Over River, @EB Adventure Photography, shutterstock
존 싱어 사전트, 〈카네이션, 백합, 백합, 장미〉, Wikimedia Commons
존 에버렛 밀레이, 〈오필리아〉, Wikimedia Commons
장 오노레 프라고나르, 〈그네〉, Wikimedia Commons
프란스 할스, 〈웃는 기사〉, Wikimedia Commons
영국 국회의사당, @Mistervlad, shutterstock
빅벤, @StockStudio Aerials, shutterstock

웨스트민스터 사원, @piksik, shutterstock
런던탑, @Zack Frank, shutterstock
존 에버렛 밀레이, 〈탑 속의 왕자들〉, Wikimedia Commons

웨스트민스터 사원, @piksik, shutterstock
런던탑, @Zack Frank, shutterstock
존 에버렛 밀레이, 〈탑 속의 왕자들〉, Wikimedia Commons

우리가 사랑한 도시

초판 1쇄 발행 2026년 3월 12일
초판 4쇄 발행 2026년 4월 1일

지은이 김지윤, 전은환
펴낸이 허정도

편집장 임세미
책임편집 장선아 **디자인** 서윤하
마케팅 신대섭 김수연 배태욱 김하은 이영조 **제작** 조화연
2차 저작권 문의 안희주 문주영

펴낸곳 주식회사 교보문고
등록 제406-2008-000090호(2008년 12월 5일)
주소 경기도 파주시 문발로 249(10881)
전화 대표전화 1544-1900 주문 02)3156-3665 팩스 0502)987-5725

ISBN 979-11-7061-368-8 (03900)
책값은 표지에 있습니다.